改變世界

作者・**胡川安**

插畫・張容容

國家領袖篇

25個影響歷史文明的

名人大事

時報出版

讓世界迎向和平的推手

25 個國家領導與左右世界局勢的關鍵人物

你 喜歡聽故事嗎？或許，有些人覺得歷史太遙遠，這些故事雖然發生在過去，但其實跟現代息息相關，我們可以透過瞭解關鍵人物與世界發展，看到在不同的時間、地點和文化中，關鍵人物對歷史長流產生的重大影響。這些人不但發揮自己的能力，感動當時的人們，也轉動了歷史巨輪，讓現代變得不一樣。

你知道建立 2000 年帝國制度的人，有什麼樣的領袖特質嗎？創造世界帝國的人為什麼如此驍勇善戰？為什麼有人的統治專制獨裁，且屠殺 600 萬人？當國家陷入危機，政治領袖要發揮什麼樣的智慧，才能帶領人民走出困境？女性領導人有什麼樣的特質，展現出不

同的政治手腕？而當世界陷入紛爭，不同的國家領袖，
要如何帶領人類走向和平？

　　過去，多數給讀者的世界史作品，偏重從年代、事
件和空間看待歷史，著重各年代的地理和空間的差別，
卻很少著墨人物的影響力。然而，歷史是由人所組成，
世界文明正是透過人們的種種決定，才會有所演進，並
且產生影響力。

　　有些政治領袖創造了一個新時代；有些改變了當時
的世界局勢；有些則是專制的統治者。歷史長河中的古
代帝王打造了帝國，但也有些為了自己的欲望和利益，
傷害了很多人；而現代世界甚至還存在著獨裁者，為了

剷除異己，大規模屠殺無辜人民。

　　從東方到西方，很多領袖在局勢困難的時候，帶領人民走出困境，創造了新局面，引進了新制度和技術，讓國家走向現代化；有些領袖則用非暴力的方式，讓國家獨立，推動世界和平。

　　「改變世界：25 個影響歷史文明的名人大事」系列的《國家領袖篇》中，你可以看到 25 個影響世界的關鍵人物，透過他們從小到大的生活環境，不但可以窺見這些人的人格特質養成，文中穿插的趣味故事與歷史知識點，更能完整瞭解他們的人生。例如：成吉思汗如何統治龐大的帝國？希特勒從小被同學霸凌，人生因而

有了報復的想法；年輕的明治天皇曾經酗酒，還會對隨扈拳打腳踢；德國前總理梅克爾原來是位物理學家；甘地曾經因為當時的種族歧視政策，從火車上被丟了出去。

我衷心希望這 25 位影響世界的關鍵人物，能讓大家從他們的人格特質、時代背景，還有追求的目標，豐富大家對世界歷史的認識。更希望他們的生命故事，可以激發人們的人生志向，學會客觀養成獨立思考的能力，並且學會用更宏觀的態度，瞭解古今中外的政治對人們的影響。

國立中央大學中文系
助理教授　胡川安

CHAPTER 1
征服世界與專制的統治者

秦始皇

古中國第一個帝國建立者

profile

國籍➡古中國（秦帝國）
身分➡秦朝第一任皇帝
生日➡西元前259年2月18日
卒年➡西元前210年7月11日

講 到古中國歷史，大家無可避免地會想到皇帝。而中國的帝制延續 2000 年之久，從秦始皇開始到清朝的末代皇帝溥儀，創建這個制度的人正是秦始皇——嬴政。而他的人生與帝國，許多華人不但都能琅琅上口，全世界的人們也都略知一二。

嬴政生於秦昭王 48 年（西元前 259 年）。由於出生時的戰國時期，各國經常交戰，國家間習慣互換國君的兒子作為人質，嬴政的父親嬴異人便被交換至趙國。嬴政的父親有二十幾個兄弟，原本當上秦國君主的機會並不大，但就在此時，大商人呂不韋覺得有機可乘，甚至形容他：「此奇貨可居。」便出手幫助嬴政的父親，讓他回到秦國，並且協助他即位，成了秦莊襄王。

那時候的古中國分為七個國家，史稱「戰國七雄」，彼此征戰不休。秦莊襄王在位的時間不長，在位 3 年就駕崩，至此 13 歲的嬴政便坐上了秦王的寶座。但即便秦王年幼，但秦國自從商鞅變法後，國家早已成為了一個戰爭機器，麾下的秦軍不斷擴張，等嬴政上位後，已經

中國西安省兵馬俑。

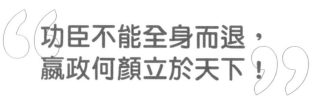

功臣不能全身而退，
嬴政何顏立於天下！

具備逐一吞併其他國家的國力。

　　西元前 221 年，秦王嬴政在六國戰爭中取得勝利，一統天下，他認為自己的成就空前絕後，超越傳說中的三皇五帝，所以用「始皇帝」的名號彰顯功績。而秦始皇推動的中央集權政策，也影響了往後 2000 多年的中國歷史。

　　統一天下後，他推動郡縣制度。有別於過去西周採用可以世襲的封建制度，秦始皇推行的郡縣制，長官不得世襲，由中央任命，確立了中央集權體制，郡縣制的精神甚至影響到今天。秦始皇的「書同文、車同軌」，一改戰國時期每個國家都有自己的文字和車軌寬度，並且統一了貨幣與度量衡，方便統治整個國家。

　　除了制度上的改革，秦始皇對於思想也加強控制。他的宰相李斯認為國家統一，所有的思想和文化也必須要一致，所以焚書坑儒，禁止言論自由，並且限制書籍的流傳。

為了加強帝國的管理，秦始皇整備基礎設施，以便於運兵。從咸陽開始，向外修築馳道，北到河套、南到廣州；除此之外，為了抵禦北方的匈奴入侵，將戰國時代北方國家的長城加以連結；還修築了水利灌溉設施，讓農業上的收穫增加。

　　秦始皇的大一統制度讓古中國不只是形式上的統一，還達到了實質上的整合。只是，大規模的建設，需要花費大量人力和資源，光是秦始皇的陵寢，就動員了 70 萬人力不眠不休地修建，也讓人民無法休息。

　　另一方面，秦始皇本人相當認真，每天都批閱大量公文，有生之年巡行天下好幾次，最後不幸於西元前 210 年冬巡途中病逝。繼承始皇帝的二世皇帝，並沒有始皇帝的雄才大略，不但無法掌握帝國的制度，加上施行嚴刑峻法，各地反抗事件不斷，最後秦帝國僅僅維繫了 15 年便宣告瓦解。

關鍵人物知識 PLUS

秦始皇影響後世的制度

政治	軍事	經濟 / 文化
皇帝制度	修築萬里長城，抵擋匈奴入侵	重農抑商
廢分封，實施中央集權	修建靈渠，加強南方控制	統一度量衡、貨幣
中央實施三公九卿制	北擊匈奴，南征百越	修建鄭國渠
地方實施郡縣制		書同文，車同軌
		實行鹽鐵專賣

成吉思汗

打造跨洲帝國的統治者

profile

國籍➡蒙古帝國
身分➡蒙古帝國創始者
生日➡西元1162年5月31日
卒年➡西元1227年8月25日

在　世界史上，有不少征服者都打造過龐大的帝國，其中幅員最遼闊的就是蒙古帝國，創建者是成吉思汗。原名鐵木真的成吉思汗，生於 13 世紀初期的蒙古草原，9 歲時，父親遭人下毒而死，從此一家人遭到族人遺棄，過著顛沛流離的生活。

　　鐵木真後來在結義兄弟與追隨者的協助下，消滅敵人，打破原來部落的組織方式，將蒙古人組成一支組織嚴密的軍隊，並且憑藉著軍隊，開始對外強烈地擴張。西元 1206 年，鐵木真終於統一蒙古高原的各個部落，建立大蒙古國，各部落也獻上「成吉思汗」的尊號，他日後更公布《成吉思汗法典》，後來成為世界上推行實施最廣泛的法典。

　　西元 1209 年，成吉思汗進攻西夏，迫使他們歸順納貢。2 年後，為了要報祖先之仇，首次攻打金朝。西元 1215 年再度攻金，這兩次戰役都讓金人蒙受大量損失。西元 1220 年，成吉思汗開始揮軍西進，攻進中亞的花剌子模，摧毀沿線城池，席捲中亞、伊朗和阿富汗等地。

西元 1223 年，成吉思汗的手下大將速不台和哲別為了追擊花剌子模的君主摩訶末，進入欽察草原，並且擊敗俄羅斯與欽察聯軍，極大地擴大了帝國的版圖。

　　除了軍事以外，成吉思汗十分重視商業貿易，他設置了「哈剌黑赤」（qaraqchin），負責保護商人與檢查商品，如果商品中有成吉思汗中意的物品，哈剌黑赤就會指引他們去成吉思汗所在之處貿易。然而，成吉思汗

成吉思汗衣冠塚。

> **在憤怒中做出的行為將註定失敗。**

雖然熱衷於貿易，但他並不是容易被哄騙的買家，知道什麼該買與不該買。

　　成吉思汗尊重帝國境內子民的信仰，並予以五個宗教的神職人員，包括：儒家、佛教、基督教、道教與伊斯蘭教免稅的特權。也由此可見，其他境內宗教並非皆能獲得大汗認可，享有免稅賦役的特權。

　　成吉思汗在西元 1227 年揮兵攻打西夏國時過世，日後他的子孫持續擴張蒙古帝國。繼承可汗大位的窩闊台在西元 1233 年攻破金朝首都開封，西元 1234 年滅金。蒙古人的鐵蹄仍然沒有停下腳步，開始將矛頭轉向西邊的俄羅斯與歐洲。西元 1240 年，蒙古的軍隊攻陷俄羅斯大城基輔，接著入侵匈牙利和波蘭，震撼整個歐洲大陸。

窩闊台繼承成吉思汗的汗位，後來又由貴由汗當選大汗，然而在位不久就過世。蒙古的朝政在此時陷入動盪，無法向外擴張，一直到西元 1251 年，蒙哥繼位大汗之後，才重新向外發展。蒙哥汗與二弟忽必烈南征大理與南宋，並且派三弟旭烈兀西征阿拔斯王朝，西元 1258 年迫使報達（今巴格達）開城投降。

　　但就在蒙古大軍準備入侵埃及的馬穆魯克王朝前夕，蒙哥汗駕崩，暫停攻伐，新任的大汗忽必烈於西元 1260 年繼位，也是後來滅了南宋與金朝，成為中國新朝代皇帝的「元世祖」。

　　成吉思汗與蒙古帝國為後世留下了許多重要遺產，蒙古人除了驍勇善戰外，還重視商業、紙鈔等制度，並帶來宗教自由的理念等等。而自蒙古帝國以後，歐亞大陸開始逐漸走向一體化，成為了今日全球化世界的先聲。

橫跨三大洲的帝國

帝國	時間	創立王朝	建立者
波斯帝國	西元前 550-前 330 年	阿契美尼德王朝	大流士一世
亞歷山大帝國	西元前 336-前 323 年	阿吉德王朝	亞歷山大大帝
羅馬帝國	西元前 27-395 年	儒略‧克勞狄王朝	奧古斯都（屋大維）
東羅馬帝國（拜占庭帝國）	西元 610-711 年	希拉克略王朝	君士坦丁大帝
阿拉伯帝國	西元 661-750 年	倭馬亞王朝	穆阿維亞一世
鄂圖曼土耳其帝國	西元 1299-1923 年	鄂圖曼王朝	鄂圖曼一世
俄羅斯帝國	西元 1721-1917 年	羅曼諾夫王朝	彼得大帝

Adolf Hitler

希特勒

阿道夫・希特勒

20 世紀最惡名昭彰的獨裁者

profile

國籍➤德意志第三帝國
（納粹德國）
身分➤前納粹黨領袖、
前德國總理
生日➤西元1889年4月20日
卒年➤西元1945年4月30日

西元 20 世紀是個極端衝突的世界，因為有些獨裁領袖，運用自己的權力，專斷獨行，以國家的力量屠殺其他種族，造成大規模的死傷與無數的悲劇，希特勒就是這樣的領袖。

西元 1889 年出生在奧地利的希特勒，父親是個公務員。他的童年並不快樂，因為自己身材瘦小的關係，經常受到霸凌，有人認為這段不愉快的童年時期陰影讓希特勒後來產生了報復的想法。此外，希特勒的成績並不好，唯一拿得上檯面的才能就是繪畫。

由於父母親在希特勒青春期時就相繼離世，無依無靠的他本想前往維也納美術學院就讀，但繪畫才能並沒有受到認可。當時只能在維也納街頭乞討，做些粗重的工作討生活。中學時，希特勒讀了一些種族主義的書，讓他深信日耳曼民族，也就是德國人，在歷史上比其他民族優越，他也對適者生存理論信服不已，更認為要淘汰猶太人還有其他弱勢族群，才是對人類最好的作法。

第一次世界大戰期間，希特勒不願意接受奧地利的徵兵，而是加入了德國的軍隊。只不過，德國在第一次世界大戰時慘敗，與戰勝國簽下了不平等條約，讓戰後的德國經濟蕭條，人民生活窘困。希特勒於是藉著戰後人民對政府的不滿，組織政黨，嘗試透過政治改變德國。

希特勒後來加入「國家社會黨」，想要組織「納粹衝鋒隊」，用武力改變德國政治。然而，希特勒後來因為這樣的暴力武裝政變而入獄。在獄中，他寫下了《我的奮鬥》一書，企圖以此發揚他的偏激種族思想。在德國當時的整體氣氛與環境中，意外地成為暢銷書。

出獄後的希特勒，積極從事政治運動，甚至想透過

我們必須咬緊牙關，全力以赴去做一件事情；否則，我們將一事無成。

希特勒統治下的納粹德國。

議會選舉，獲取政權，讓他可以在政治上實踐自己的想法。由於西元 1930 年的德國面臨到經濟大蕭條的考驗，當時的執政黨政府沒有辦法拿出解決方法，喪失民心，讓希特勒有機可趁，透過選舉，還有各種手段，最終執政，並且將德國改造成獨裁專制的政權。

　　他用祕密警察「蓋世太保」以及各種打擊異己的恐怖統治，希特勒落實他的種族思想將猶太人、心智障礙者都用「劣等民族」的名義關進「集中營」。在優生學

的想法下，希特勒認為不適當的人都不應該生存在這個世界上，在這段恐怖時期，殘殺了上千萬的猶太人和弱勢族群。

除此之外，希特勒還有征服歐洲的野心。他先征服附近的捷克、波蘭，接著將魔爪伸向法國。更與義大利和日本結盟，組成後來第二次世界大戰的「軸心國」。只不過，希特勒在東進俄國以及對英國的征伐中，遇到了困難。俄國人讓他吃了敗仗，並且開始反攻；英國人雖然無法抵擋希特勒，但頑強抵抗，不輕易言敗。

美國後來的參戰，援助英國，並且與俄國合作，攜手減弱德軍的進攻，並且收復歐洲戰場。由於德國與太多國家為敵，最後戰力不濟，希特勒後來也選擇自殺，結束他瘋狂且殘暴的一生。由於個人的錯誤信仰，並且在時代的造就下，造成千萬人的死傷與猶太民族的集體傷痛，這也是 20 世紀所給我們的巨大教訓。

布蘭特的「華沙之跪」

西元 1970 年 12 月 7 日，當時的西德總理布蘭特（Willy Brandt）總理在訪問波蘭華沙猶太人紀念碑時，為當年起義的犧牲者獻上花圈，並且帶著肅穆的神情突然雙膝下跪。

第二次世界大戰時的東歐各國不但飽受希特勒領導的納粹德國的侵略，直到德國投降，歐洲各國對德國的仇恨仍然像拔不掉的刺一樣，干擾著彼此的交流發展。

為了改變這樣的狀態，當時的西德總理布蘭特前往當時受壓迫最深的波蘭首都華沙，準備簽署「華沙條約」（Warschauer Vertrag），確定歸還所有戰爭時侵占自波蘭的領土。

這一跪不但震驚全世界，雖然剛開始西德國內褒貶不一，但卻也開啟了德國作為侵略國的自省之路，自此那段德國侵略鄰國的歷史，在德國國內不再是不能被提起的禁語，反而是德國人最引以為戒並且深記在心的教訓。而布蘭特也替德國贏得了全世界的尊敬，並讓他個人獲得了西元 1971 年諾貝爾和平獎。

Losif Vissari

史達林

約瑟夫・維薩里奧諾維奇・史達林

從革命家到獨裁者

profile

國籍➤蘇維埃社會主義
　　　共和國聯邦（蘇聯）
身分➤前蘇聯黨和最高領導人
生日➤西元1878年12月18日
卒年➤西元1953年3月5日

西元 20 世紀的世界主要分為兩個陣營，一個是相信西方式民主自由的體系；一個是專制獨裁的共產體系。列寧在西元 1917 年於俄羅斯發動革命之後，使這裡成為了第一個共產國家。在列寧之後的繼承人史達林則是用獨裁、專制和血腥的方式，建立了世界最強大的共產政權。

出生在西元 1878 年俄羅斯南方喬治亞的史達林，父親經營小工廠，家境小康，父親經常會對妻兒家暴。史達林後來進入了神學院，但在十幾歲的時候接受到了馬克思主義的影響，相信無神論，加入政黨，從事革命。

史達林採用罷工、搶劫和武裝的方式革命。西元 1917 年俄國革命成功，成立了「蘇維埃聯邦（蘇聯）」，但從此國家陷入內戰。史達林接掌了軍事職務，用很多殘忍的方式處決反對者。

列寧由於和政敵托洛斯基處得不好，拉攏史達林。列寧逝世之後，史達林掌權，透過政治手段，排除了托

洛斯基，開始了蘇聯長達數十年的獨裁統治之路。

　　西元 1927 年的蘇聯由於缺糧，史達林認為一定是富農囤積的結果，於是開始進行土地改革，放逐富農，接著成立集體農莊，要農民們集體工作。透過威脅恐嚇的方式，農民們只能迫於無奈下屈服，但集體化農莊沒有提高生產量，反而使農業產量下降，造成上千萬人因飢荒而死亡。

　　蘇聯以農業為主，史達林卻想要將國家打造成工業和軍事大國，所以發展很多軍事產業。然而，與人民相關的民生產業沒有得到發展，讓蘇聯一般民眾變得相當貧窮。

　　為了推行獨裁，史達林強調個人崇拜，將很多城市改成他的名字，塑立雕像，在音樂、繪畫和電影上塑造偉大的形象。當時一般人的家裡有個小房間，專門用來收集史達林的相關物品，並且進行膜拜。

> **在蘇聯軍隊中，
> 撤退比進攻更需要勇氣。**

蘇聯時期宣傳領導人與共產主義的宣傳圖。

獨裁者很害怕有人反對他，所以史達林對於潛在的政治威脅都加以調查、逮捕和處決。加上史達林又是無神論者，所以規定全國的教會關閉。受到逮捕和處決的知識分子、神職人員、富農……等將近百萬人。

　　當時，納粹德國本來要侵略俄國，但沒有成功。第二次世界大戰之後，蘇聯開始在東歐扶植共產政權，同時幫助中國和北韓革命，藉以增加國際影響力。史達林幫助這些國家革命，並且將獨裁統治的方式推行到共產主義國家。美國為主的西方國家覺得共產主義會危害西方民主自由，所以開始支援韓國，導致南北韓的分治。

　　當時英國的總理邱吉爾曾說過，以俄國為首的共產主義國家是「鐵幕」，世界雖然沒有再一次進入熱戰，卻進入了「冷戰」的局勢。晚年史達林中風，失去了說話能力，後來導致死亡。但也有人認為史達林是遭到政敵毒殺而死，一代極權強人的人生就此落幕。

蘇德互不侵犯條約

西元 1939 年於第二次世界大戰爆發前,蘇聯與德國在莫斯科簽訂的互不侵犯友好條約,旨在確保兩國於擴張間的友好,實則各懷私心,只為鞏固各自侵犯鄰國的野心不受干擾。這個條約導致波蘭、波羅的海三國、羅馬尼亞的比薩拉比亞地區被兩國瓜分。

原本蘇聯當時的最高領導人史達林打的如意算盤是:他斷定希特勒領導下的納粹德國無法同時左右開啟戰線,既跟英法為敵,又東進蘇聯。因此,期待藉由保持表面上的友好關係,有充分準備對應之後德國可能的軍事行動,還可以趁機進逼芬蘭與波羅的海三國。另一方面,納粹德國可以放心吞併波蘭,同時專心對付西邊的英法等國。

條約內容:

| 雙方保證不單獨或聯合其他國家彼此間有武力侵犯或攻擊行為。

| 一方如與第三國交戰,另一方不得給予第三國任何支持。

| 雙方絕不參加任何直接、間接反對另一方的任何國家集團。

| 條約有效期為 10 年。

然而,《蘇德互不侵犯條約》只是兩國的緩兵之計。蘇聯非常清楚反共的納粹德國遲早會毀約。西元 1941 年德國毀約,發動巴巴羅薩計畫,納粹德國聯合羅馬尼亞王國和芬蘭等盟友及被蘇聯占領的國家,對蘇聯發動進攻,德蘇戰爭爆發。

#005 毛澤東

中華人民共和國的創建者

profile

國籍→中華人民共和國
　　　（中國）
身分→前中國共產黨和
　　　最高領導人
生日→西元1893年12月26日
卒年→西元1976年9月9日

毛澤東被《時代雜誌》評為 20 世紀最具影響力一百人之一。西元 1949 年，「中國人民站起來了！」毛澤東在北京天安門廣場上說了這句話。而他所領導的中國共產黨也擊敗了國民黨政府，成立了中華人民共和國。

西元 1893 年出生在湖南的毛澤東，家裡是務農人家。由於出生在清代末年，曾經上過私塾，小時候的毛澤東不喜歡讀經書，喜歡讀小說後來讀了新式學堂，也學習了西方學問。

長大後的毛澤東到了北京，北京大學圖書館的館長李大釗安排他當助理，接觸到共產主義思想的他，開始組織共產黨。當時北方的蘇聯已經共產革命成功，因而幫助中國共產黨組織，並且擴大影響力。

本來共產黨和國民黨是合作關係，但西元 1927 年，毛澤東認為要改變政策，進行武裝革命，打著「槍桿子出政權」的口號，占領江西南部作為根據地，並且成立「中華蘇維埃共和國」。他在江西實施土地改革，將土

地分給貧窮的農民，並且打擊富農。

　　此時的國民黨政府積極打擊共產黨，毛澤東後來無法在江西待下去，決定尋找其他根據地。從江西經過中國西南，跑了 2 萬 5 千公里，一直到陝北。而當時日本侵略中國，國民黨政府忙著應付日本人，無暇他顧，讓毛澤東的共產黨有了喘息的機會。

象徵毛澤東與史達林友誼的宣傳海報。

　　抗日期間，毛澤東積極透過抗日，增加共產黨員和軍隊人數。日本投降後，共產黨已經成為無可忽視的存在。後來，他提出打倒國民黨，「解放全中國」，最後在西元 1949 年 3 月進入北京，成立中華人民共和國。

> ## 哪裡有壓迫，
> ## 哪裡就有反抗！

　　由於美國開始用武力對待共產主義的擴張，加上北韓成為共產國家，美國出兵韓國，中國也加入戰局。由於雙方勢力太過懸殊，毛澤東最後採用人海戰術，用人民的肉身抵擋槍砲，導致百姓死傷慘重。

　　另一方面，退守台灣的蔣介石，在福建沿海仍有金門和馬祖。西元 1958 年為了奪取金門，中國共產黨發動砲擊，企圖解放金門。然而，在美軍的阻擋下，毛澤東仍然沒有辦法拿下金門。

　　中華人民共和國建國初期的毛澤東，對於內部不同意見還持開放態度，要大家暢所欲言。然而，這只是引誘異議分子的方式，企圖在最後把他們一網打盡。西元 1966 年毛澤東發動「文化大革命」，要向「一切舊思想、

舊文化、舊風俗、舊習慣發動了猛烈攻擊」。

而在經濟政策上，毛澤東推行「大躍進」和「人民公社」，運用反科學的方式增加農作物，但反而造成大飢荒，導致成千上萬人餓死。並且在當時用錯誤的方式煉鋼，造成中國工業發展的倒退。

文化大革命期間打破所有的倫理規範，子女公開掌摑自己的父母，要他們下跪；學生批鬥老師，要他們承認自己教的東西是錯誤的。並且在當時砸毀所有舊有文物，燒掉廟宇古蹟，全國陷入瘋狂的狀態。

西元 1971 年中華人民共和國加入了聯合國，而台灣的中華民國則退出了聯合國，美國總統尼克森日後也訪問了毛澤東。西元 1976 年毛澤東過世，這個對於 20 世紀影響巨大的人物，在中國所推動的大量政策卻造成巨大的傷亡，仍是歷史上不可磨滅的事實，也影響著日後的華人世界。

國共二大內戰

戰役名稱	第一次國共內戰	第二次國共內戰
發生時間	西元 1927-1937 年間	西元 1945-1950 年
開戰起始點	中國共產黨發動南昌起義，開始武裝奪權。	國共雙方在重慶談判並召開政治協商，最後談判破裂，內戰全面爆發。
內戰導致因素	蔣介石主張清黨，發動四一二事件，清剿中國國民黨內左派及共產主義者。	中國國民黨與中國共產黨在中國抗日戰爭末期至結束後，為爭奪統治權而引起內戰。
結果	日本關東軍發動「九一八」事變，在中國東北地區建立偽滿州國，並就此不斷向中國華北侵略。西元 1935 年 11 月，中國國民黨改變對日政策。西元 1936 年 12 月 12 日發生西安事變，蔣中正被迫接受停止內戰、聯共抗日條件。	經過遼西會戰、徐蚌會戰、平津會戰等三大會戰後，中國共產黨在東北與華北取得軍事上絕對優勢。而由中國國民黨成立的中華民國政府則於西元 1949 年 12 月撤退來台。

Teng Hsiao

鄧小平

帶領中國改革開放的領袖

profile

國籍➤中華人民共和國
（中國）
身分➤前中國共產黨和
最高領導人
生日➤西元1904年8月22日
卒年➤西元1997年2月19日

這 幾十年來中國經濟發展得不錯，人民也逐漸富裕起來，甚至有很多人已經忘記中國是共產主義國家，而讓中國走向改革開放的就是鄧小平。

西元 1904 年出生於四川的鄧小平，家裡的經濟狀況在當時還算不錯。中華民國還沒成立之前，鄧小平上的是當地的私塾。等到中華民國成立之後，便開始上新式學堂。西元 1919 年，上中學的時候，「五四運動」爆發，全國大學生和中學生都受到啟發，鄧小平當時被「工業救國」的想法所感動，決心到法國一邊讀書，一邊在工廠工作。

鄧小平到法國工作、讀書時，接觸到共產思想，後來加入了共產黨。22 歲的他決定到共產革命的聖地——蘇聯，學習共產思想，並且結識了很多革命夥伴。在法國 5 年和蘇聯 1 年的時間，使得鄧小平相當具有國際觀。

回到中國之後，他開始組織革命，積極參與剛成立的中國共產黨，想透過武裝、階級革命的方式推翻中國

> **制度問題不解決，
> 思想作風問題也解決不了。**

國民黨政府。由於當時國民黨政府擁有百萬軍隊，共產黨還沒有能力推翻，因此決心從貧困的農村開始發展，武裝農民，推翻國民黨，建立以工人、農民為主體政權。

第二次世界大戰期間，鄧小平率領共產黨員，藉著抗日的名義，在許多地方擴大自己的勢力。戰後，由於中國的民生狀況不好，給共產黨拉攏民心的好機會，鄧小平在與國民黨的戰役中屢次獲勝。最後國民黨退守台灣，中華人民共和國建立，鄧小平擔任要職。

然而，雖然看起來官運不錯，但由於共產黨政權內鬥嚴重，鄧小平有好幾次都在當大官的時候被批鬥下台。例如：「文化大革命」期間，毛澤東要鬥倒有錢人和知識分子，鄧小平便被打成資產階級，親人遭殃，自己也

被羞辱。但鄧小平能屈能伸，即使從雲端掉到谷底，也能起死回生。

　　毛澤東死後，經歷了許多鬥爭，鄧小平成了中華人民共和國的領導人。他認為過去強調鬥爭，讓人民受了不少苦，所以要強調經濟發展，讓中國跟世界接軌，他成立了深圳、珠海等經濟特區，發展經濟。在鄧小平的主導下，中國在各方面展開改革，而

前往法國工作、讀書時期的等小平。

且快速發展，成為世界第二大經濟體。

然而，西元 1989 年北京大學的學生認為，中共政權的政治太過專制，追求更加民主的制度，群起抗議。鄧小平在過程中雖然與學生談判，但後來仍決定用武力鎮壓手無寸鐵的學生，造成大量死傷，也就是舉世關注的「六四事件」。

今日的香港過去是英國的殖民地，在西元 1997 年要歸還給中國，鄧小平答應香港可以按照以往的制度，讓他們慢慢習慣中國的生活習慣，採用漸進的方式。鄧小平在晚年辭掉所有政治職務，讓江澤民接手，繼續中國的經濟發展。

西元 1997 年時，鄧小平以 92 歲的高齡去世。他自己總結人生對於中華人民共和國的發展，有些地方是錯誤的，但在改革開放，還有讓人民生活富裕的過程，是正確的發展。

六四事件起因

六四事件，是指西元 1989 年 4 月中旬開始，以悼念胡耀邦活動為導火線，由中國大學生在北京市天安門廣場發起的持續近兩個月的抗議活動。

但早在西元 1986 年底開始，中國已經陸續在各地爆發大規模學生抗議。首次的抗議是由安徽合肥的中國科學技術大學發起。接著，許多大城市都有大批學生上街頭抗議。

這次學運雖然很快就結束，但當時實質上的中共最高領導人鄧小平認為是因為時任中共總書記的胡耀邦並沒有確切實行「反對資產階級自由化」，因此胡耀邦被批鬥並辭去總書記。

西元 1989 年 4 月 15 日，胡耀邦因心臟病突發去世。同年 4 月下旬開始，中國北京天安門廣場湧現向胡耀邦送花圈的人潮，不少大學生開始在天安門廣場靜坐並提出訴求。

接著，中國發生一連串新聞自由紛爭與學生絕食抗議運動，在中國當局僵化的對應與全球的關注下，最終中國選擇在同年 6 月 4 日，讓中國人民解放軍進駐天安門廣場，武力鎮壓、驅離抗議群眾。

CHAPTER 2
領導國家走過困境的領袖

Meiji Tennō

明治天皇

日本現代化的奠基者

profile

國籍➡日本國
身分➡前日本天皇
生日➡西元1852年11月3日
卒年➡西元1912年7月30日

西元 2019 年 4 月日本公布了下任天皇的年號「令和」，意在祈求世界和平，同年 5 月，新任天皇登基。一般而言，日本都是前任天皇駕崩後，才由皇儲繼任。然而，由於前任天皇明仁年事已高，無法擔任天皇職務，多次表達生前退位的意願，因此才破例在世時，讓兒子登基。

東亞的中國、日本、韓國和越南，在現代以前都有皇帝，但反而是第一個走向現代化的日本，至今還保留天皇制度，這是因為日本的現代化其實和天皇有很大的關係。

在過去的歷史中，日本長期鎖國，對於西方資訊瞭解有限。當西方人來臨時，才發現自己無法迎戰強敵，所以決心推動維新，而其中的關鍵人物就是明治天皇。即位時才 15 歲的他，還只是個青少年。從紀錄上來看，甚至脾氣暴躁，會對隨扈拳打腳踢，還經常酗酒。

在西方人侵逼到國家門口的同時，日本還維持著「幕

府」體制，即是由「幕府大將軍」掌權，天皇並沒有實權。而當時的日本人相信，如果要走向現代化，日本必須把權力交還給天皇，推翻幕府體制。

　　年輕的明治天皇血氣方剛，讓急於維新的大臣們相當緊張。幸好有周邊的大臣費心天皇的教育，將西方的典章制度告訴年輕的明治天皇，使他相信國家唯一的道

明治天皇及其家族成員。

" 我們要讓北海道山裡 最窮的佃農小女兒讀完小學。"

路就是君主立憲制。由天皇主導，制定國家憲法，學習西方，富國強兵。

天皇在大臣的輔佐下，逐漸懂事，只是明治天皇也不是一帆風順。支持幕府與反對幕府體制的勢力在當時相互攻訐，後來還發動了「西南戰爭」。年輕的明治天皇相當焦慮，甚至還大病了一場。

「西南戰爭」和大病都考驗著明治天皇，幸好他克服了這兩場巨大的困難。戰爭之後，痊癒的明治天皇決定全力用心政事，瞭解到自己處於日本歷史上的關鍵時刻。如果一不小心，日本可能就會四分五裂，淪為歐美列強的殖民地。

明治天皇主導的「明治維新」奠定了日本現代化的基礎，其中最重要的分別是廢除封建制度、立憲改革、軍事改革、教育改革和經濟改革。以往封建制度下國家權力在將軍手上。後來，明治天皇發表詔書，大權獨攬，讓日本成為實質統一的國家，一君萬民。

新的國家體制要靠憲法來規範，其中天皇是國家權力之首，主管政務。軍事上則全民皆兵。陸軍學習世界最強的德國；海軍學習英國。教育改革則讓大部分都是文盲的日本人可以接受教育；經濟上開始發展重工業，成立公司，鋪設鐵路，發展航運。

我們都知道日本後來成為亞洲第一個現代化國家，打敗中國，甚至還取得台灣作為殖民地，並且打敗歐洲強權俄國，讓西方人刮目相看。這些成就的根源都是明治維新，讓日本走向與亞洲其他國家不同的現代化道路。

日本幕府體制

日本幕府在明治維新之前,由於軍人干政的緣故,軍人權力曾經凌駕於天皇之上,皇室形同虛設,只是一個宗教與文化象徵,真正的最高權力者是征夷大將軍,也稱為「幕府將軍」。日本歷史上有鎌倉幕府、室町幕府、德川幕府三個幕府時期。始於西元 1192 年鎌倉幕府的武將源賴朝,終於西元 1867 年德川幕府的德川慶喜大政奉還於天皇,才結束日本的幕府政治。

江戶德川幕府將軍列表

代次	姓名	在任期間	代次	姓名	在任期間
1	德川家康	1603-1605 年	9	德川家重	1745-1760 年
2	德川秀忠	1605-1623 年	10	德川家治	1760-1786 年
3	德川家光	1623-1651 年	11	德川家齊	1787-1837 年
4	德川家綱	1651-1680 年	12	德川家慶	1837-1853 年
5	德川綱吉	1680-1709 年	13	德川家定	1853-1858 年
6	德川家宣	1709-1712 年	14	德川家茂	1858-1866 年
7	德川家繼	1713-1716 年	15	德川慶喜	1867-1868 年
8	德川吉宗	1716-1745 年			

凱末爾

穆斯塔法・凱末爾・阿塔圖克

伊斯蘭世界的革新者

profile

國籍➜土耳其共和國
（土耳其）
身分➜土耳其共和國
第一任總統
生日➜西元1881年5月19日
卒年➜西元1938年11月10日

伊斯蘭世界雖然都信仰伊斯蘭教，但每個國家對於宗教在生活中的影響都不大相同。嚴格的伊斯蘭教國家男女不平權，思想上也較為封閉。土耳其則是第一個追求現代化的伊斯蘭國家，因為他們的國父——凱末爾，帶領國家走向一條不同的道路。

西元 1881 年出生在希臘北部的凱末爾，父親是當地的公務員，後來改做木材生意，後來父親在他 7 歲的時候過世。日後，他選擇進入軍校接受教育。凱末爾對於政治有抱負，因而在軍隊中批評當局而被調職。

土耳其的前身是鄂圖曼土耳其帝國，已經成立了好幾百年，是個傳統的穆斯林國家。當西方國家已經進入現代化狀態的時候，鄂圖曼土耳其帝國卻還是相當保守。第一次世界大戰時，歐洲國家知道積弱不振的鄂圖曼土耳其帝國好欺負，便展開侵略，以獲得好處。

西元 1915 年，因為英法聯軍的攻擊土耳其，在關鍵的加里波利戰役中，凱末爾抱著視死如歸的決心，帶領

> "膽怯和懦弱的人，
> 在任何災難中都會使國家
> 和人民陷入僵局，
> 然後站在一邊袖手旁觀。"

土耳其軍隊打敗了英法聯軍。但戰爭之後，鄂圖曼土耳其帝國仍然無力抵抗列強的侵略，這也讓凱末爾有了成立新國家的想法。西元 1919 年他發動軍隊，隔年成立國民議會，透過軍事手段收復被外國瓜分的土耳其故土。

西元 1923 年，凱末爾宣布成立土耳其共和國，而他也成為第一任總統。凱末爾認為土耳其要走向「世俗化」，便要建立現代化國家，而第一步便是要「政教分離」，廢除了以往的宗教領袖。他說：「我沒有教條，我的精神遺產是科學和思想。」

伊斯蘭國家的法律多半和宗教有很大的連結，被視

每年 11 月 10 日早上 9 點 5 分，土耳其人都會停下手邊工作，為已故總統
凱末爾默哀 1 分鐘。

為神聖不可侵犯的部分。凱末爾卻廢除伊斯蘭教法，引

進了歐陸法律制度。同時也進行服裝上的革命。一般伊

斯蘭教國家的服飾都跟宗教有關係，凱末爾則引進西服，

並且規定所有公務人員都要穿著西服。

另一方面，男女不平等是伊斯蘭國家很重要的特徵，但凱末爾認為婦女的能力和男性相同，因此解放婦女，推行了一系列增加婦女地位的改革。廢除伊斯蘭國家一夫多妻制度，並且保障婦女在政治、就業和財產的地位，甚至引進離婚制度。他還進一步讓婦女在政治上擁有了參與權，領先法國和瑞士。

凱末爾對於文字也進行改革，他認為過往的阿拉伯字母會像緊箍咒一樣束縛著土耳其人的思想，於是改變成拉丁字母以符合時代的潮流。

凱末爾所做的一切，都讓土耳其從傳統的伊斯蘭國家變革成現代化國家，然而，由於積勞成疾，他在正值壯年的 57 歲就過世了。現在每年的 11 月 10 日，一到早上 9 點 5 分，土耳其人不管在什麼場合，都會停下手邊的工作，起立默哀 1 分鐘，以表示對凱末爾的敬意，因為那正是凱末爾過世的時間。

學習知識 PLUS

凱末爾六大主義

凱末爾上任後，為土耳其共和國做了一連串改革，這些改革都依循著他的六大主張，這六大主張稱為「凱末爾六大主義」。而歷史也證明，他的這些主張將土耳其共和國帶往更現代化與民主的未來。

1. **共和主義**（Cumhuriyetçilik）：人民統治人民。
2. **民族主義**（Milliyetçilik）：各民族重視、深愛、尊敬自我價值。
3. **平民主義**（Ulusçuluk）：土耳其人民，人人平等。
4. **國家主義**（Devletçilik）：以國家前提，優先發展。
5. **世俗主義**（Laiklik）：政教分離。
6. **革命主義**（Devrimcilik）：形式及內容上全面改變與進步。

小羅斯福

富蘭克林・德拉諾・羅斯福

帶領美國走出黑暗時刻

profile

國籍➡美利堅合眾國
（美國）
身分➡前美國總統
生日➡西元1882年1月30日
卒年➡西元1945年4月12日

世界最大的強權——美國，由於西元 2020 年開始新冠肺炎的影響，病患無數。加上近年來種族問題的關係，國內暴動頻傳，陷入多事之秋，堪稱是美國第二次世界大戰以來最大的危機。第二次世界大戰時，美國也陷入了極大的挑戰，但當時有一位連任三次的總統帶領美國走過國家危機，他就是小羅斯福總統。

西元 1882 年出生的小羅斯福是個獨子，從小就受到父母的寵愛，因為家境優渥，加上本身熱衷學習，在校成績優秀。中學時更進入了知名的格羅頓公學，這是所由信仰虔誠且熱心辦學的校長所經營的學校，小羅斯福在這裡感受到了校長服務學生和人群的熱忱。

中學畢業後，小羅斯福順利進入了常春藤名校哈佛大學，在學校關注社會科學，也修習歷史等文科。從哈佛大學畢業之後，進入了紐約哥倫比亞大學攻讀法律，並且在讀書時就考取了律師，到知名律師事務所上班。

上班 2 年後，小羅斯福娶了埃利諾為妻，婚後陸續

生了六名子女。由於小羅斯福的家世和工作履歷優秀，他受到鼓勵參選紐約州參議員，也很順利地當選，由於年輕有為，還被視為民主黨內的明日之星。在威爾遜總統競選起間，小羅斯福積極投入助選工作，威爾遜總統擔任總統後，任命小羅斯福為海軍助理部長，一直擔任到西元 1920 年。

　　少年得志的小羅斯福，在西元 1920 年以副總統候選人的身分，與俄亥俄州州長考克斯搭檔參與總統選舉。

小羅斯福塑像。

> **實現明天理想的唯一障礙是今天的疑慮。**

然而，當年的選舉失利，小羅斯福便回到家鄉。不幸的是，在一次前往加拿大度假時，出海航行落海，日後發了幾天高燒，病後卻導致不良於行，醫生確診為小兒麻痺。他因此休養了一段時間，妻子和家人也都陪他度過這段艱難的日子。

在消沉了一段期間後，小羅斯福復出政壇，參選紐約州州長，並且順利當選。擔任州長期間，美國陷入經濟大蕭條，失業率高漲，人民苦不堪言。於是，小羅斯福決定在西元 1932 年投入總統大選，挽救美國經濟。西元 1933 年，小羅斯福當選美國總統，小羅斯福總統相當迅速地提出復興經濟的辦法，稱為「新政」，挽救陷入危機的經濟，並且提供了大量工作機會。

小羅斯福總統由於「新政」的成功，獲得連任。當時歐洲納粹德國興起，大部分歐洲國家都受到德國侵略，連隔著英吉利海峽的英國也遭受攻擊。美國雖然沒有參戰，但決心當民主國家的兵工廠，提供歐洲國家援助。直到西元 1941 年，日本偷襲夏威夷的珍珠港，小羅斯福總統決定投入戰爭，他決定先處理歐洲戰場，再打敗亞洲的日本。

由於指揮得宜，在歐洲戰場逐漸消滅德國勢力。亞洲戰場也得力於麥克‧阿瑟將軍的戰略成功，最終獲得勝利。戰爭期間，小羅斯福總統和二十六個國家簽署了「聯合國宣言」，為戰後世界的和平而努力。

過去的美國由於總統華盛頓只擔任兩任就不再參選，因此留下總統只擔任兩屆的慣例。小羅斯福總統因為遭遇國家重大變故，在西元 1944 年連任第三次，第四度成為美國總統。然而，在西元 1945 年第二次世界大戰即將結束之際，小羅斯福總統因為腦溢血而死亡。美國人感念他帶國家從經濟的蕭條與失業中走向復興，他為美國以至於全世界帶來的福祉，至今仍為人所津津樂道。

美國歷史上的另一個羅斯福

西奧多·羅斯福（Theodore Roosevelt Jr.，西元 1858 年 10 月 27 日－西元 1919 年 1 月 6 日），人稱老羅斯福。紐約市警察總局長出身的他，極為反對貪腐，後來參選州長獲勝後，進一步被延攬進白宮成為副總統。

第二年，老羅斯福副總統任內的總統麥金萊被刺殺身亡，他便遞補成為總統。除了軍事能力強以外，最知名的就是提出「反托斯拉政策」，他認為托斯拉對整體經濟帶來了巨大的負面影響，於是向國會提出反托斯拉法案，阻止巨型企業壟斷社會財富與資源。

另外，他主張開鑿巴拿馬運河，並鼓勵巴拿馬獨立，還與巴拿馬簽署了運河條約，取得了巴拿馬運河的控制權，對美國的經濟有巨大的貢獻。

Sir Winston

邱吉爾

溫斯頓・隆納德・
斯賓塞 - 邱吉爾

20 世紀英國最重要的政治領袖

profile

國籍 ➡ 大不列顛暨北愛爾蘭
　　　　聯合王國（英國）
身分 ➡ 前英國首相
生日 ➡ 西元 1874 年 11 月 30 日
卒年 ➡ 西元 1965 年 1 月 24 日

英國廣播公司評選「最偉大的 100 名英國人」，曾經擔任首相的邱吉爾被評選為第一名。邱吉爾不僅是偉大的首相，更得過諾貝爾文學獎，也是一位戰爭英雄。傳奇的一生即使在死後將近 60 年，仍為英國人所懷念。

邱吉爾出生在顯赫的貴族家庭，父親曾經擔任英國財政大臣，母親出身美國富豪家庭，家境優渥。從小被送進貴族學校就讀的邱吉爾，生性頑皮，成績並不好，相當叛逆，但英文和歷史的成績卻表現得很好，並且在運動展現長才。

由於成績不好，後來他進入軍校就讀，卻意外地在軍校中有優異的表現。在軍旅生涯中，邱吉爾前往過古巴和印度，並將旅行中的所見所聞記錄下來，成為從軍記者，並且為《泰晤士報》的記者，出版了小說和紀實文學，嶄露文學才華。

邱吉爾後來離開了軍隊，想從事政治活動，參選國會議員。在西元 1900 年順利選上了國會議員，就此展開

60 多年的政治人生。邱吉爾漫長的議員生涯中,最令人津津樂道的就是帶領英國挺過第二次世界大戰。

　　大戰爆發前夕的西元 1930 年代,歐洲大陸上已經瀰漫著一股山雨欲來的味道,德國在納粹的執政下,並且

年輕邱吉爾著軍裝照。

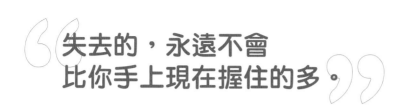

失去的，永遠不會比你手上現在握住的多。

占領波蘭。而當時的英國首相張伯倫對納粹採取姑息政策，讓邱吉爾大為不滿，並且大力抨擊。

後來邱吉爾取代張伯倫就任首相，開始對德國宣戰，他說：「盡我們的全力，對人類黑暗、可悲的罪惡，還有史上空前兇殘的暴政作戰。」邱吉爾擅長演說，在大戰時透過收音機撫慰英國的人心，讓英國人民保持信心，他也曾說過：「無論付出什麼樣的代價，我們都要堅決保護我們的國家。我們，永不投降！」

當然，邱吉爾並不是神，他的確無法預測最後英國是否會走向勝利，內心充滿了恐懼和不確定，也深怕英國會輸給德國。但在德軍即將入侵蘇聯時，當時英國議會和輿論都傾向於向德國妥協，但邱吉爾表示：「當已

入虎口，豈能與虎講道理？」所以，當德國開始轟炸英國時，全國處於人心惶惶的狀態。

然而，他堅信只有透過不屈不撓的意志，才能帶領英國走向最後勝利，絕不妥協於德國的砲火。後來美國在關鍵時刻的救援，將大量的物資投入歐洲戰場，使得納粹德國逐漸出現敗象。最後歐洲各國結合反德勢力，一起走過最黑暗的戰爭時刻。

然而，帶領英國走過戰爭的邱吉爾，卻在戰後輸掉了大選。但他並不怨天尤人，仍然保持著一貫的樂觀心態，曾經說出一句名言：「對於政治人物的無情，象徵了偉大的民族。」

第二次世界大戰結束後，邱吉爾寫下了六大本的《二戰回憶錄》，也讓他獲得了諾貝爾文學獎的殊榮。並且在同年又重新接掌了英國首相的職位，再度帶領英國人民。西元 1965 年他過世時，女王伊麗莎白二世和全國人民都向他獻上了最高敬意。

知名的敦克爾克戰爭

第二次世界大戰最知名也是最慘烈的一次英法等國聯軍對納粹德國的戰爭是敦克爾克戰爭，又稱「敦克爾克大撤退」。這次的撤退雖然讓聯軍損失了許多重裝備和戰略武器，但也將犧牲的士兵人數降到最低，不但是一次成功的戰略性撤退，也讓日後聯軍有了反攻的基礎。

敦克爾克（Dunkirk）位於英吉利海峽沿岸的比利時與法國交界，當時德軍從三方包抄，眼看就要成功殲滅英法聯軍，就在此時希特勒下達了停止前進的命令，加上天氣與地理條件的幫助下，聯軍徵用各式船隻，想盡辦法把士兵運往英吉利海峽另一邊的英國。

雖然聯軍最後還是丟失了裝備與造成數萬名士兵的死亡，但是仍讓聯軍保留了日後戰勝可能性。

Douglas Ma

麥克阿瑟

道格拉斯・麥克阿瑟

改變二戰東亞局勢的美國五星上將

profile

國籍➔美利堅合眾國
　　　（美國）
身分➔前美國美國五星上將
生日➔西元1880年1月26日
卒年➔西元1964年4月5日

韓 國分成南北，北方是共產主義的北韓（朝鮮民主主義人民共和國），南方則是實行民主的南韓（大韓民國）；日本採用內閣制，天皇只是象徵，沒有實質權力；台灣在第二次世界大戰受到日本統治，敵國正是中華民國，直到後來中華民國接收台灣。這些都與第二次世界大戰有關，而結束二次大戰東亞戰場最重要的關鍵人物就是美國五星將軍麥克阿瑟。

麥克阿瑟出生在美國阿肯色州的小岩城，父親也是職業軍人，曾獲得不少戰功。從小就立志成為軍人的他，23 歲時從美國最好的軍校西點軍校畢業，成績是建校有史以來最高的。第一次世界大戰爆發時，麥克阿瑟到歐洲服務，表現出優異的領導能力，因此獲得很多的軍事勳章。

還不到 40 歲的時候，麥克阿瑟就成為了西點軍校的校長，教育了很多優秀學生。離開西點軍校後，他來到亞洲，先在菲律賓鎮壓叛亂，45 歲時成為最年輕的少將。後來日軍占領了菲律賓，麥克阿瑟前往澳洲，並且擔任

西南太平洋部隊盟軍的最高司令。離開菲律賓的時候，麥克阿瑟留下了一句名言：「我一定會回來。」

　　美國在第二次世界大戰的時候本來不想參戰，後來雖然向德國宣戰，加入歐洲戰場，但還是不想對日本宣戰，直到日軍偷襲夏威夷珍珠港，美國才向日本宣戰。日軍占領了菲律賓後，持續占領太平洋上的小島，最後甚至威脅到澳洲。麥克阿瑟透過「跳島戰略」，不收復每一個島嶼，而是收復了一個島嶼後，跳過下一個，然後將島上的日軍加以孤立並且包圍，中斷他們的補給線，迫使他們投降，使將士傷亡降低。

　　「跳島戰略」成功後，麥克阿瑟重返菲律賓，並且被拔擢為五星上將，最後日軍在西元 1945 年宣布無條件投降。麥克阿瑟除了是個厲害的戰略家，對於日本戰後的處置也很有看法，他認為如果將日本天皇送到國際法庭審判的話，整個日本的國家和文化都會瓦解。再也無法恢復的日本對於東亞的局勢相當不利，因此麥克阿瑟支持君主立憲，讓日本天皇維持象徵意義，但沒有實質

66 年齡讓身體起皺，
放棄讓靈魂起皺。 99

麥克阿瑟和裕仁天皇在東京盟軍司令部。

權力，並且主導戰後日本憲法，讓日本無法擁有軍隊，僅能永遠自衛的警備隊伍。

東亞局勢在第二次世界大戰之後並不穩定，共產中國還有蘇聯聯手，進軍朝鮮半島。西元 1950 年北韓入侵南韓，美國總統杜魯門下令美軍反攻，仍是由麥克阿瑟擔任總司令。美軍當時的情勢相當危殆，從北一路退到最南方的釜山。幸好麥克阿瑟直接選擇從朝鮮半島中部的仁川登陸，從中阻斷北韓大軍，中斷後援，因而獲得勝利，成功迫使北韓撤退回北緯 38 度線。

麥克阿瑟對於現代東亞局勢的形成有很大的貢獻，讓我們享受了數十年的和平。他在西元 1951 年回到美國，在首都華盛頓受到群眾大規模的歡迎，並且在國會發表演說，受到所有國會議員的讚揚。後來麥克阿瑟想要角逐美國總統，只是沒有獲得共和黨的提名。最後年邁的他因為疾病過世，享壽 84 歲，但他對世界局勢的貢獻，讓後世永難忘懷。

學習知識+PLUS

南北韓的北緯 38 度線

第二次世界大戰末期，蘇聯向同盟國宣戰，又以牽制納粹德國有功為藉口，積極進逼東亞，打擊日本。先是進逼中國東北，又占領日本北部島嶼，並且與共產中國進入朝鮮半島，企圖把東亞納入共產主義的範圍。

此時發現狀況不對的美國等民主國家，趕緊進入朝鮮半島，美國派出麥克阿瑟與蘇聯協議以北緯 38 度線大致作為蘇、美兩國對日軍事行動和受降範圍的臨時分界線。北韓控制 38 度線以北，南韓控制 38 度線以南。

西元 1950 年 6 月 25 日，韓戰爆發，北韓受中華人民共和國和蘇聯等陣營軍事支援；南韓則受聯合國軍軍事支援。在北緯 38 度線發生軍事衝突，為期 3 年的戰爭最後在西元 1953 年 7 月 27 日於板門店簽署《朝鮮停戰協定》，表面上仍以北緯 38 度線為界，彼此停戰，但實際的政治與外交衝突仍延伸至今。

切・格瓦拉

埃內斯托・格瓦拉

永不妥協的古巴革命家

國籍➡阿根廷共和國
　　（阿根廷）
身分➡著名國際
　　共產主義革命家
生日➡西元1928年6月14日
卒年➡西元1967年10月9日

西元 20 世紀人類經歷了思想和政治體制的重大選擇，有人認為國家應該採用自由經濟；有些人相信國家要保障勞動者都擁有一定的資產，不能讓有錢人謀取過多財富。追求共產主義，並一輩子以革命為志業的革命家就是出身阿根廷的埃內斯托・格瓦拉。

出生於西元 1928 年的格瓦拉，生於經濟優渥的家庭，是當地的望族。他小時候的身體並不好，還患有氣喘，但他努力運動，克服自己身體的缺陷。後來決定習醫，到布宜諾斯艾利斯大學就讀醫科。

上大學的前一年，格瓦拉決定壯遊，騎機車環遊南美洲一圈。從阿根廷、智利、祕魯、哥倫比亞到委內瑞拉，他看到很多窮苦人家，也看到南美洲普遍的貧窮現象。他認為這樣的苦難就是歸因於經濟制度，還有資本主義社會所造成的貧富不均，而這些現象必須在國際間引發共產革命，才能解決問題。

格瓦拉從醫學院畢業後，前往中美洲的哥斯大黎加、

瓜地馬拉和宏都拉斯，看到不同國家的狀況。在瓜地馬拉結識的朋友叫他「切」（Che），有「朋友」的意思，後來大家都習慣叫他「切・格瓦拉」。

西元 1955 年，格瓦拉前往墨西哥，結識了後來古巴革命領袖卡斯楚，彼此還成為重要的夥伴。當時的古巴由專制的巴蒂斯塔所統治，卡斯楚和格瓦拉氣味相投，相互合作，在古巴帶著游擊隊與政府軍抵抗。

格瓦拉和卡斯楚在西元 1959 年成功占領哈瓦那，建立新國家。卡斯楚重用格瓦拉，任命他為軍事監獄的檢察長，審訊前政權的高官。

接著，再讓他擔任國家銀行總裁，用社會主義模式

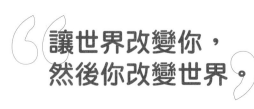

讓世界改變你，
然後你改變世界。

掛著切‧格瓦拉畫像的古巴街頭。

進行改革，所有的私人企業都收歸國有，並且進行了土
地改革。隨後又出任工業部長，進行工業上的改造。

　　在國防上，格瓦拉認為古巴應該有足夠的武器才能與
近在咫尺的美國對抗，所以支持蘇聯在古巴建造核子飛彈
基地。反美的立場，甚至讓美國派出情報人員要暗殺他。

然而，格瓦拉認為古巴革命後，很多官員發生貪腐的狀況，與人民距離越來越遠。他在政府單位擔任要職時，沒有看過電影，也沒有享受美食。身為一個革命者的格瓦拉相當清廉，無法忍受革命後的古巴，於是決定到非洲繼續推展革命精神。

西元 1965 年，格瓦拉前往剛果，訓練剛果的游擊隊，教育他們共產思想。然而，他認為剛果的游擊隊缺乏紀律，而且有很多紛爭無法處理，後來便離開剛果，前往南美洲的玻利維亞。

他在玻利維亞組織游擊隊，開始在叢林裡與政府軍作戰。美國政府知道格瓦拉在玻利維亞的行動，派出特種部隊攻擊他。西元 1967 年，游擊隊中的逃兵向美軍洩漏了他的行蹤，格瓦拉遭到美軍抓捕，槍決身亡。雖然 39 歲就遇害，但格瓦拉塑造出一個完美的革命者形象，常留在世人心中，也成為南美洲反政府組織成員們的偶像。

卡斯楚與格瓦拉

人名	卡斯楚	格瓦拉
學歷	哈瓦那大學法律博士	布宜諾斯艾利斯大學醫學系
身分	古巴革命領袖	古巴革命核心人物
職業	律師、革命家、政治家	醫生、革命家、政治家、作家
選擇	留在古巴建立共產國家	前往非洲領導共產革命
享年	90 歲	39 歲

卡斯楚（左）與格瓦拉（右）。

李登輝

台灣民主先生

profile

國籍➡台灣
身分➡前總統
生日➡西元1923年1月15日
卒年➡西元2020年7月30日

美國重要的雜誌《新聞週刊》曾經在西元 1996 年以台灣的李登輝為封面，標題寫著「民主先生」，高度讚揚李前總統對於台灣民主的貢獻。已經過世的李登輝出生於西元 1923 年，是如何領導台灣走向民主的呢？

由於父親是警察，他從小經常隨父親搬家。自小認真向學的他，在日治時期，非常嚮往日本「武士道」刻苦和勤奮的精神。天資聰穎又努力的李登輝考上了當時台灣最好的高中——台灣總督府台北高等學校。畢業後，又被保送到京都帝國大學，就讀農業經濟。

然而，由於第二次世界大戰爆發，李登輝中斷學業。直到後來戰爭結束，他回到台灣大學的農業經濟系才繼續完成學業。畢業後，李登輝將他的專業投入工作，在農林廳和農業復興聯合委員會工作。李登輝有著學者個性，天生喜歡探究學問，日後更獲得全額獎學金到康乃爾大學攻讀博士。

獲得博士學位後，他回到台灣運用自己的專業解決

台灣的農業問題。農業不是只有種田而已，由於當時的台灣正值經濟起飛期，從農業轉型到工業，工業技術也可以幫忙農業生產，李登輝將新技術帶到農村裡，改良農業技術，並且推動台灣農產品的運輸和銷售，讓城鄉發展得以平衡。

　　透過實際工作，李登輝展現了行政長才，被當時的總統蔣經國注意到，任命他為政務委員，後來又擔任了台北市長和台灣省主席。相當有遠見的他，例如：規畫台北市的捷運系統，讓我們現在享受捷運的便利。隨著政治歷練越來越豐富，西元 1984 年，蔣經國任命李登輝為副總統。

　　當時的總統蔣經國在西元 1988 年，於任期內過世，李登輝接任了總統，這是第一個土生土長的台灣人接任此職位。由於西元 1949 年後，長期在威權統治下，以戒嚴令控制台灣人民，無法享受民主。李前總統繼任總統後，努力推動台灣民主化，促進言論、思想和政治上的自由，釋放過去白色恐怖下被逮捕的政治犯。

李登輝出訪回國照。

"民之所欲，長在我心"

李登輝照。

由於憲法是以中國為藍圖所設計，因此李前總統推動憲法改革，讓這部憲法符合台灣社會。然而，改革的過程中，也引起國民黨內不同路線的鬥爭，但李前總統仍然堅決地朝向民主之道邁進。為了走向民主化，需要透過全民直選總統，所以他還促進修法，讓台灣人民可以直接選舉。最後於西元 1996 年，李登輝以高票當選首屆的台灣民選總統。

　　以往的兩位蔣總統都任職到過世才卸任，但李登輝在西元 2000 年決定不再競選第二任民選總統。當年的反對黨民主進步黨的陳水扁當選總統，李前總統和平完成政黨輪替。過去，很多國家在政治轉型的過程中，都產生暴力流血衝突。而台灣在民主化的過程中，雖然有政治上的抗爭，但仍都在和平、民主的方式中完成改革，其中李登輝前總統有著不可磨滅的功勞。

李登輝大事紀

西元 1923 年 1 月 15 日	出生於台北州淡水郡。
西元 1943 年 9 月	畢業於台灣總督府台北高等學校。
西元 1943 年 10 月	進入日本京都帝國大學農學部農業經濟系就讀。
西元 1946 年 1 月	二戰結束，進入國立台灣大學農業經濟系就讀。
西元 1965 年	取得美國康乃爾大學農業經濟學的博士學位。
西元 1971 年	正式加入中國國民黨。
西元 1972 年	以政務委員入閣，成為當時最年輕閣員。
西元 1978 年	被當時的總統蔣經國任命為台北市市長。
西元 1981 年	由台北市長升任台灣省政府主席。
西元 1984 年	蔣經國、李登輝分別當選為第 7 任總統、副總統。

西元 1988 年 1 月 13 日	蔣經國逝世，正式以副總統身分繼任總統。
西元 1988 年 7 月 27 日	正式成為中國國民黨主席。
西元 1988 -2000 年	總統任內，推行台北市、高雄市兩直轄市和台灣省省長直接民選。
西元 1991 年 5 月	宣布終止動員戡亂時期，廢止動員戡亂時期臨時條款。
西元 1996 年	中國國民黨提名李登輝、連戰搭檔競選正副總統，並當選第九任總統，也是史上首位公民直選的總統。
西元 2000 年	當時在野黨民主進步黨籍陳水扁當選第十任總統。
西元 2000 年 3 月 24 日	卸任國民黨主席，改由連戰代理。
西元 2020 年 7 月 30 日	病逝，享耆壽 97 歲。

Abe Shinzō

安倍晉三

至今為止日本在位最久的首相

profile

國籍➤日本國
身分➤前日本首相
生日➤西元1954年9月21日
卒年➤西元2022年7月8日

第 二次世界大戰日本無條件投降後，日本國內一片凋敝，多處被轟炸，靠著一次次的政策推進與國際事務參與，才慢慢從貧困中恢復。

安倍晉三是日本第一個在戰後出生的首相，出生於東京，家庭本籍在本州最西邊的山口縣。出生於政治世家的他，父親安倍晉太郎曾經擔任過外交部長，外祖父岸信介更曾擔任過日本首相。大學畢業後，安倍晉三前往美國南加州大學（簡稱南加大或 USC）攻讀政治，但是沒有拿到學位就回國。之後，在父親任職於外交部長任內，擔任他的祕書，開始學習政治事務。西元 1993 年，回到山口縣參選議員，順利當選後，便開始了他的政治生涯。

一開始，安倍晉三的政治生涯相當順遂，不但年紀輕輕就當上日本執政黨：自由民主黨的總裁，並且在西元 2006 年成為日本戰後最年輕的首相，但很遺憾的是，一年後就因為內閣官員的失言問題而下台。退下首相之位後，他沒有放棄政治生涯，仍然積極參與各項事務，並且於西元 2012 年順利重返日本首相之位，這在日本政

治史上相當少見。

西元 2012 年的日本，對於日本以致於全球來說都是經濟相對不穩定的狀態，當時許多日本首相都沒做幾年就卸任，因此無法推動長期且穩定的國內與國外政策，而長期執政的自由民主黨也正逐漸喪失民心，有時還會成為在野黨。

在日本西元 1980 年代以後，因為經濟擴充太快，出現所謂的「泡沫經濟」，讓整體經濟疲弱不振，金融危機頻傳，國民自信心降低。面對中國的日漸強大，日本在亞洲的局勢備受威脅，如何在美國和中國間取得外交平衡，是安倍所思考的問題。

安倍在經濟上有所謂的「安倍三支箭」，貨幣寬鬆

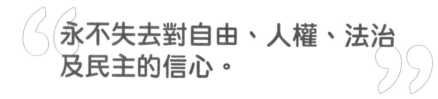

永不失去對自由、人權、法治及民主的信心。

經濟政策，希望透過讓日圓貶值，加強日本商品在外銷上的優勢，並且擴大政府對於地方的投資，增加公共支出。鼓勵地方的文化創意，活化地方的經濟，同時加強女性的就業，釋放出更多的勞動力，維持穩定且成長的經濟是安倍政權可以維持較久的原因。

為了增加日本國民的自信心，並且透過大規模的活動刺激經濟的發展，安倍主導了整個第二次「東京奧運」的推動。東京舉辦第一次奧運是在西元 1964 年，當時日本從戰後的貧窮走出來，整個國家的經濟與自信心都因為奧運而好轉。年幼的安倍感受到當時的興奮，申辦西元 2020 年東京奧運時也想透過籌辦奧運，扭轉日本的整體經濟狀況。然而，本來該在西元 2020 年舉辦的東京奧運，卻因為新冠肺炎疫情的關係，不得不延期。

雖然安倍在當首相時曾經發生過一些爭議，但請辭後，有超過七成的日本民眾對於安倍 7 年 8 個月的長期施政感到滿意，這在日本以往的卸任內閣是很少見的情況。安倍透過經濟政策，並且和美國、中國取得平衡的

西元2022年安倍晉三意外遭到槍殺身亡。

外交關係，以籌辦奧運恢復日本的自信心。最後，雖然因為健康因素下台，仍然讓日本人民懷念。

　　安倍是日本在位最長的首相，對於日本政治有他的貢獻和影響。西元 2022 年 7 月 8 日前往日本奈良縣為候選人輔選的安倍晉三，於街頭演說時，遭到一名前自衛隊員以自製手槍射擊，當場失去呼吸心跳，送院搶救不治身亡。對於日本來說不僅是失去一個優秀的政治人物，對於世界來說也失去了一位和平的推手，但安倍的典範與影響將永遠留在這個世界。

日本與台灣的政治制度

有別於台灣，第二次世界大戰後，日本從濃厚的軍國主義色彩邁向自由民主的代議民主制，天皇成為日本國的「象徵」，國會成為國家唯一的立法機關，由眾議院和參議院構成，兩院議員都透過國民選舉產生。

國家	日本	台灣
制度	內閣制	雙首長制
投票年齡	18 歲（2015 年修法通過）	20 歲
任期	眾議員 4 年（眾議院遭解散也要立刻重新選舉）/ 參議員 6 年（每 3 年半數改選）	立法委員 3 年 / 直轄市議員 4 年
投票日	期日前投票：公告選舉開始到選前一天都能至指定地點投票	當日投票：於投票日當天投票
投票地	不在者投票：可透過事先申請，在選舉當天的所在地投票或以郵寄、傳真等方式寄出選票。	戶籍投票：本人親至戶籍所在地指定投票所投票

Elizabeth II

伊麗莎白二世

全世界在位最久的女王

profile

國籍➡大不列顛暨北愛爾蘭
　　　聯合王國（英國）

身分➡前英國女王

生日➡西元1926年4月21日

卒年➡西元2022年9月8日

世界上有不少國家都還維持著皇室制度，雖然他們不負責國家實際政務，但仍然是國家最高元首。英國的伊麗莎白女王是目前世界上在位最久的女王，帶領英國人民走過 70 年的日子。

西元 1926 年出生在倫敦的伊麗莎白女王，父親當時是約克公爵。按照當時王位的繼承順序，伊麗莎白要繼任的可能性並不大。然而，王位的繼承人愛德華八世在西元 1936 年為了迎娶華麗絲而與內閣發生衝突，最後憤而退位。伊麗莎白的父親最後登基為喬治六世，而她也成為王位繼承的第一候選人。

伊麗莎白從小接受私人家教教育，西元 1945 年，英國與德國正處於戰爭當中，伊麗莎白很想協助戰爭，於是加入了「國內婦女支援部隊」，支援當時出征的部隊。戰爭結束後，西元 1947 年伊麗莎白與希臘的菲利普王子結婚。由於她的父親身體狀況不好，伊麗莎白後來代替父親出席公開場合。西元 1952 年喬治六世過世，伊麗莎白登基為女王。

> **當遇見生活中的困難，期許自己當那個為了未來起身奮鬥的人，而不是直接屈服於失敗**

伊麗莎白不只是英國的女王，也是大英國協的元首。全世界有 15 個國家都在大英國協之中，然而，第二次世界大戰之後，很多以往大英國協的國家謀求獨立。有時外訪的時候，甚至有被暗殺的危險，但女王還是勇敢出訪，並且透過公開訪視獲得良好的形象，也穩定了局勢。

女王超越所有黨派，不應該偏頗任何的政黨，特別在政治危機當中，她仍是國家穩定的存在。英國女王雖然沒有實際的權力，但她仍然負責國會的開幕，並且每週接見首相。女王每天會花 3 個小時閱讀政府各個部門送來的報告，還有議會文件，相當熟悉國事。每個與女王合作過的首相，都給予女王相當高的評價。

西元 1953 年，伊麗莎白女王的加冕典禮。

王室的一舉一動都會受到媒體的關心，特別是伊麗莎白的媳婦威爾斯王妃黛安娜與她的關係。黛安娜美麗而溫暖，平民嫁入王室。由於黛安娜的公眾形象好，也讓英國人民對於王室有好感。然而，後來黛安娜選擇離婚，而且在意外中過世，女王和王室所表現出來的冷漠態度，讓王室在英國人民的心中支持度大量滑落。

　　不過，隨著時間過去，伊麗莎白女王仍然積極出國訪問，並且在國家陷入困難的時候，發表穩定人心的談話，也讓大部分的英國人民持續支持王室。

　　西元 2000 年之後，女王的年歲漸高，身體也出現了狀況，但她表示不會退位。女王也嘗試和年輕的朋友交流，開始使用 YouTube 和 IG 等社群媒體，拉近和年輕一代的距離。超過 90 歲的女王，由於她端莊高雅的形象，深受英國人民的愛戴，獲得大部分人民的支持。然而，在 2022 年的 9 月，女王以 96 歲的高齡過世，全球悲慟。

伊麗莎白二世大事紀

西元 1926 年 4 月 21 日	出生於倫敦祖父母家中。
西元 1936 年 12 月 11 日	伊麗莎白的父親、約克公爵阿爾伯特繼位為喬治六世，伊麗莎白也成為王位繼承人。
西元 1947 年	第一次隨著父母出訪至南非。
西元 1947 年 11 月 20 日	與表親菲利普王子結婚。
西元 1951 年起	開始代父出席公眾場合。
西元 1952 年 2 月 6 日	訪問肯亞期間，父親喬治六世逝世。
西元 1953 年 6 月 2 日	於西敏寺舉行加冕典禮。
西元 1975 年	英女王訪問香港，成為近代史上第一位造訪香港的英國君主。
西元 2002 年	慶祝登基 50 年大典，巡遊全英國。
西元 2022 年 9 月 8 日	於當地時間下午 3 時 10 分逝世，享耆壽 96 歲。

梅克爾

Angela Dor

安格拉‧多羅提亞‧梅克爾

德國第一位女性總理

profile

國籍➡德意志聯邦共和國
　　（德國）
身分➡前德國總理
生日➡西元1954年7月17日

德國雖然男女平權，但能夠擔任總理工作的女性只有梅克爾。德國在西元 1990 年代以前分為東德與西德，東德是共產主義國家，而梅克爾生活於東德的牧師家庭。

梅克爾從小的學業成績優異，但因為是牧師家庭和中產階級，共產黨偏重工人和農人的權益，老師和官員支持工人和農人的小孩。所以為了要融入共產黨組織，梅克爾加入了共產黨，希望可以增加自己的機會。

由於到實行民主制度的西德參觀，梅克爾十分羨慕他們能選舉。她中學的時候以優秀的成績畢業，收到了知名萊比錫大學的入學許可。但梅克爾因為曾用英語唱共產主義的頌歌《國際歌》，這在當時的東德是不被允許的，差點進不了萊比錫大學。幸虧得到貴人的幫忙，才能如願入學。

梅克爾至此瞭解到政治的險惡，所以選擇讀物理學，因為客觀的科學不會受到政治的影響。梅克爾進入萊比

錫大學就讀，全班只有 1/10 的女生，但老師對她的表現十分讚賞，最後她也順利地獲得了物理學博士學位。

　　東德共產政權在西元 1989 年垮台後，梅克爾感受到新時代的來臨，便積極投入民主運動。工作能力十分強的她，受到總理科爾的提拔，在東德與西德統一後，成為婦女青年部部長，接著擔任環境部部長。

希拉蕊・柯林頓（左）與梅克爾（右）。

> **我從未低估自己，**
> **也絕不放任自我膨脹。**

　　然而，人生並不是都一帆風順，西元 1998 年梅克爾所在的政黨失去民心，成為在野黨。這使得梅克爾決定在西元 2000 年競選黨領導人，這在當時以男性為主的政治圈十分特殊，而且梅克爾擔任總理後，表現讓人刮目相看。當時很多人將她與英國知名且強悍的女性首相柴契爾相互比較。

　　經過了多年的努力，梅克爾在西元 2005 年代表她的政黨參與德國大選，並且獲得勝選，成為德國第一位女性總理。由於性別的關係，梅克爾注重女性的就業參與，希望能盡量達成兩性平等。面對全球環境暖化的問題，也致力於減少核能的使用率，增加綠色能源。

　　由於中國國力增強，梅克爾取代以往防範中國的策

略，積極且主動地認識中國。然而，在接觸了以後，梅克爾並不是完全配合中國政府，她始終相信自由民主的重要性。跟市場龐大中國做生意的確有利益，但中國迫害人權的問題不斷，讓梅克爾在人權和商業利益間謹慎考量。

此外，由於中東的戰爭，很多難民逃往歐洲。基於人權考量，梅克爾積極接納來自亞洲百萬的難民。在歐洲政策上，當時雖然組成了聯盟，但缺乏整體發展方向，梅克爾除了領導德國，同時也讓德國在歐盟當中成為最重要的成員國，引領歐洲的政策。

西元 2021 年 10 月，梅克爾卸任德國總理，在她執政的 15 年間，支持率始終超過五成，這在近代民主國家的領導人中相當少見，也可以說是兩德統一後最受人歡迎的德國總理。

梅克爾大事紀

西元 1954 年 7 月 17 日	出生於西德漢堡。
西元 1954 年 10 月	全家移居東德東柏林。
西元 1973 年	開始在萊比錫大學攻讀物理學。
西元 1989 年	柏林圍牆倒塌，她投入民主運動中。
西元 1993 年 6 月 -2000 年 5 月	任梅克倫堡 - 前波莫瑞州德國基督教民主聯盟（基民盟）領導人。
西元 2005 年 11 月 22 日	正式成為德國第一位女性聯邦總理。
西元 2015 年 12 月	當選《時代周刊》2015 年度風雲人物
西元 2018 年 3 月 14 日	確定四連霸，再次當選聯邦總理。
西元 2021 年 10 月 26 日	正式卸任總理。

CHAPTER 3

讓世界迎向和平的推手

甘地

莫罕達斯・卡拉姆昌德・甘地

推動非暴力運動的印度聖雄

profile

國籍➡印度共和國
（印度）
身分➡印度國父
生日➡西元1869年10月2日
卒年➡西元1948年1月30日

印 度是現在全世界人口最多的國家，但以往被英國所殖民。而當初帶領印度脫離英國殖民的重要人物就是甘地。出生在西元 1869 年印度西部港口的波爾本達的甘地，父親是當地小邦的首相。

甘地的成績優異，19 歲時到倫敦大學修習法律，後來回到印度孟買從事律師的工作。工作幾年後，外派到南非工作。當時甘地看到很多印度移工在當地的自由和政治權利遭到剝奪，甚至有一次他買了一等車廂的車票，但由於身分上的歧視，他只能去坐三等車廂，但遭到他拒絕，後來被人從火車上丟了出去。

在南非的時候，甘地曾閱讀托爾斯泰關於無政府主義的書，後來從《薄伽梵歌》中獲得思想上的資源，而且在美國作家梭羅的作品當中瞭解到「公民不服從」和「非暴力」的理念。

回到印度後，甘地決定投身政治活動，加入支持印度獨立的「國大黨」。由於直接和英國政府衝突，會產

生傷亡，甘地到處宣揚理念，抵制英國貨品，發展印度自己的產品。當時照片中的甘地經常穿著腰布，在不同的場合演講。他對婦女們說，每個婦女幫助印度獨立的方式就是每天一定要織布，這樣才不須要英國紡織所製成的布，才能對獨立運動有所貢獻。

第一次世界大戰爆發後，本來甘地想要說服印度民眾幫助英國，以換取戰後能得到英國讓印度自治的可能

正在用紡車紡紗的甘地。

性。然而，英國人戰後反悔，讓甘地更加覺得印度一定
要從英國獨立。甘地領導國大黨，開始大規模招收黨員，
並且改變組織，讓政黨有了大量的民意基礎。

甘地的「不合作」運動是全面性的，鼓勵印度民眾
不要進入英國的學校，不要繳納賦稅，不要加入英國的
政府，不要進入英國的審判制度，也不接受英國人賦予
的榮譽。推動運動過程中，甘地提倡反暴力，然而，由
於追隨的人相當多，英國政府將他視為眼中釘，逮捕他
好幾次。

第二次世界大戰，由於日本入侵東南亞和印度，讓
英國政府有了態度上的改變。日本想要幫助印度獨立，
而且，甘地在此時大力推行「退出印度」運動，讓英國

政府不僅要面對歐洲戰場上德國的侵襲，同時要面對印度的問題。此時，英國政府開始跟甘地還有國大黨妥協，答應戰後讓印度獨立。

西元 1947 年的 8 月 15 日，印度終於正式獨立。然而，由於印度有信仰穆斯林和印度教的狂熱分子，對於甘地的理念無法認同，最後槍殺了他，但在即將死亡的時候，甘地還是對兇手表示寬容，展現了他的氣度。

很多追隨甘地的人稱他為「聖雄」，這樣的概念不只來自甘地推行的運動，更多來自於他的思想，從傳統印度教的思想而來。甘地奉行素食、禁欲、獨身、默想，一個星期有一天不說話。他的思想不只來自於西方，還來自印度教信仰，每週一天不說話，還有禁欲，讓他可以獲得內心的平靜，也影響著許多後世追隨者。

甘地的不合作運動

不合作運動是歷史上第一個全國性非暴力反抗運動，包括：號召印度人辭去英國政府委任的官職；不向英國人主持的法院起訴，由印度人自行解決糾紛；不接受英國人教育，讓孩童進入印度人自辦的學校；不使用英國銀行，金錢全都領出存入印度人自辦的銀行；不應徵入伍；不繳稅；抵制英貨，改用印度人自製衣物。甚至率領數十名志願者展開「食鹽長征」，自行煮鹽、製鹽。

西元 1930 年「食鹽長征」期間的甘地。

威爾遜

湯瑪斯・伍德羅・威爾遜

推動世界和平的總統

離　現在 100 年前的西元 1918 年，第一次世界大戰結束，當時以德意志帝國為首的同盟國投降，戰後戰勝國代表西元 1919 年於巴黎開會，處理第一次世界大戰之後的世界局勢。

第一次世界大戰從西元 1914-1918 年，主要發生在歐洲，但戰爭影響到全世界，當時世界上的主要國家都參加了這次戰爭，所以稱為「世界大戰」。戰爭的兩方稱為同盟國和協約國，同盟國的成員主要有德意志帝國、奧匈帝國、鄂圖曼土耳其帝國、保加利亞；協約國則是英國、法國、日本、俄國、義大利和美國。

這場戰爭是當時人類死亡最慘烈的戰爭，將近 6500 萬人參戰，有 2000 萬人受傷，超過 1600 萬人死亡，可以說得上是人類死上最大的悲劇之一。戰爭結束之後，各國的代表齊聚巴黎，召開「巴黎和會」，討論如何解決「第一次世界大戰」所造成的問題。

巴黎和會前，當時擔任美國總統的威爾遜總統就十

> **理解絕對是
> 養育一切友情之果的土壤。**

凡爾賽條約簽訂後從巴黎返回美國的威爾遜。

分關心世界局勢，他曾經出任普林斯頓大學的校長，是國際知名的外交學者，在西元 1918 年 1 月提出著名的「十四項原則」。

「十四項原則」認為國家與國家的交往必須以公開的方法，不能有祕密的協定，開誠布公；海洋上的航行要有絕對的自由，不能因為國家的利益封鎖海洋。「十四項原則」認為要消除國家間的經濟障礙，讓彼此間的貿易可以順利進行。

由於第一次世界大戰，各國死傷慘重，因為每個國家都擁有很多武器，所以威爾遜總統希望每個國家的軍備能減到最少。另外，第一次世界大戰之前，有兩個帝國，分別為奧匈帝國和鄂圖曼土耳其帝國，在戰後瓦解了，舊王室被新政權取代。兩個帝國以往分別治理很多民族，威爾遜認為這些弱小的民族應該都遵循「民族自決」的原則，讓他們都可以獨立成國家，讓弱小民族得以獨立。

威爾遜的理想相當崇高，也影響到全世界，連當時的中國知識分子都受到鼓舞，發展成為後來的「五四運動」。威爾遜「十四項原則」的最後一項是要成立一個普遍性國際組織，目的是使各國的政治獨立和保持領土完整，並且可以維持世界和平和伸張公理。

在國際聯盟中，處理事情的原則要「以絕對的公道為判斷」，要考慮到世界人民的公義，而且遵循「國無大小，一律享同等之權利」的原則，這對亞洲和非洲被壓迫的民族而言，無疑是一個鼓舞人心的信號。

日後，威爾遜在西元 1919 年得到諾貝爾和平獎，表揚他在全世界和平上的努力，希望世界能夠按照他的理想運作。雖然第一次世界大戰後，威爾遜的「十四項原則」沒有被遵守，進而導致了第二次世界大戰爆發，但威爾遜的理想和精神則一直存在著，即使現在，重讀他的「十四項原則」，仍然可以感受到和平對於人類的重要性。

威爾遜的十四項原則

❶ 公開訂立和平條約，無祕密外交。

❷ 無論戰時與和平時期，公海航行絕對自由。

❸ 取消國家間經濟障礙並建立貿易平等條約。

❹ 充分互相保證，各國軍備必須減少至保證本國內部安全的最低水準。

❺ 調整對殖民地的要求，平等對待殖民地人民。

❻ 德國撤出俄國，調整俄國問題。

❼ 德軍撤出比利時，恢復比利時之獨立性。

❽ 德軍撤出法國，阿爾薩斯 - 洛林歸還法國。

❾ 根據民族原則，重新調整義大利邊界。

❿ 奧匈帝國各族自治，允許獨立。

⓫ 同盟國撤出羅馬尼亞、塞爾維亞和黑山。

⓬ 奧斯曼帝國的民族自決。

⓭ 恢復波蘭之獨立性。

⓮ 成立國際聯盟以維持世界和平。

林獻堂

帶領台灣人民追求自由民主的領袖

profile

國籍➔日治時期的台灣
身分➔臺灣議會民主運動者
生日➔西元1881年10月22日
卒年➔西元1956年9月8日

我們現在能享有自由民主，每個人都可以發表意見，也可以選擇自己喜歡的政黨和候選人，定期選舉，讓不合適的政黨下台。然而，百年前的台灣，這是當時知識分子追求的夢想，也是他們一輩子想要追求的目標。

西元 1881 年出生於霧峰的林獻堂，當時台灣還在清朝統治下。西元 1895 年，日本人統治台灣，他已經是個青年了。在日本的殖民統治下，台灣人沒有集會結社的自由，也沒有台灣人的議會表達自己的想法，無法決定自身的政策。

當時，林獻堂的家族是台灣五大家族之一，家業龐大。因為握有很多資源，他也是日本人極力拉攏的對象。林獻堂覺得台灣人在日本人的統治下，受到不公平的對待，想要幫助台灣人。剛好在西元 1907 年於日本遇到中國維新知識分子梁啟超。梁啟超建議林獻堂應該用溫和的方式，與日本的上層階級接觸合作，漸進式改變日本政府對台灣的態度。

雖然不滿於日本人對台灣的態度，但是林獻堂感受到日本在明治維新之後的強盛，希望台灣人也像日本人一樣，學習西方文明。對於台灣下一代最重要的就是教育，所以林獻堂家族，還有台中仕紳向總督府請願，希望成立台中中學校，專門招收台灣人。

　　教育以外，林獻堂積極推動台灣人和日本人能夠平等。殖民統治下，台灣人是二等國民，無法享受日本人所擁有的政治、文化和教育上的自由。林獻堂先成立了「同化會」推動平等的理念，只是後來被日本政府強制解散。

　　林獻堂接著和蔣渭水成立了「台灣文化協會」，希望透過教育普及，啟蒙台灣人民。清朝統治下的台灣，有很多傳統舊習俗。即使到了日治時代，大部分人都沒有受過教育。蔣渭水和林獻堂積極推動讀報運動、講習會，希望人民有進步的思想。

　　積極推動教育和文化運動，林獻堂認為政治也需要

異國江山堪小住，
故園花草有誰憐？

林獻堂與林家景萬樓大門。

改變，於是西元 1921 年開始了「台灣議會設置請願運動」，到西元 1934 年為止，向總督府請願了 15 次。如果台灣人有自己的議會，就有能力決定自己的事務，這也是世界民主國家公民所享有的權利。

然而，日本殖民政府不支持議會設置運動，也大力分化和鎮壓組織。隨著日本開啟太平洋戰爭的序幕，進入軍事狀態，議會請願運動也逐漸失去了聲音。第二次世界大戰後，國民政府來台，林獻堂因為推動民主運動，和當時專制政府理念不同。除此之外，又因為日治時期與日本高層官員來往密切，被國民政府視為是「漢奸」。

一輩子推動台灣民主運動，卻被國民政府懷疑。林獻堂覺得留在台灣可能會有危險，便以生病為由，到日本治病，最後在西元 1956 年病逝於日本，沒能終老於台灣。然而林獻堂追求的民主理念，在一百多年之後的台灣社會，我們也終於逐漸享有這些前輩努力追求的果實。

台灣民眾黨

由林獻堂與蔣渭水等人於西元 1927 年成立的台灣民眾黨與現今的民眾黨毫無關聯。

台灣民眾黨是台灣人在日本統治下成立的第一個政黨，成立當時受到日本政府不斷地刁難和阻止，在經過努力後，才在有條件的情況下被允許成立。

然而在西元 1931 年日本相關單位以「結社禁止命令」為由，取締並強制解散台灣民眾黨。其著名的三大綱領為「政治的自由、經濟的解放、社會的平等」。

戈巴契夫

米哈伊爾・謝爾蓋耶維奇・
戈巴契夫

結束冷戰加速蘇聯崩解的領袖

profile

國籍➡蘇維埃社會主義
共和國聯邦（蘇聯）

身分➡前蘇聯總統

生日➡西元1931年3月2日

卒年➡西元2022年8月30日

俄羅斯總統普丁近來通過修憲，將自己的任期延到西元 2036 年，加上以往的任期時間，成為在位最長的俄羅斯總統，但普丁仍然在民調上獲得大多數俄羅斯民眾的支持。相較於將蘇維埃聯邦帶向民主的戈巴契夫，在西方獲得好評，但在俄羅斯的歷史上卻是評價最低的總統。

西元 1931 年，戈巴契夫出生在俄羅斯的南方，當時俄羅斯還處於蘇維埃聯邦中，實行共產主義，相信勞動至上。少年時期的戈巴契夫能夠駕駛大型收割機務農，獲得勞動紅旗勳章，讓他得以到莫斯科國立大學就讀。

然而，蘇聯在史達林的任內大規模整肅異己，並且將所有的宗教都視為迷信，讓戈巴契夫的祖父也入獄，這使得年輕的戈巴契夫對於共產黨的暴力統治，有了深刻的印象。

出身鄉下的戈巴契夫從小對於黨的宣傳相當忠貞，而且到了首都莫斯科之後，舉止也完全像個鄉下人，但

戈巴契夫於華盛頓簽訂《中程美彈條約》，右為美國總統雷根。

這樣的背景使他得到上級的青睞，上級需要一個完全信奉共產主義且服從的人。戈巴契夫從地方黨部一路到中央，仕途相當順利，西元1985年出任蘇聯共產黨總書記，成為蘇聯的最高領導人。

然而，戈巴契夫當選後，蘇聯已經開始出現大量的問題，共產主義所領導的經濟路線讓民生凋敝，專制獨裁的政權讓蘇維埃聯邦下的許多國家都產生不滿。除此之外，蘇聯長期控制與扶植的大量共產政權，包含東歐、

> **對蘇聯的改革是要把**
> **埋沒於制度和意識型態中的**
> **人類救出來的一種嘗試。**

北韓和古巴等國家，與美國為首的西方自由國家形成對峙，史稱「冷戰」。這些國家在長期的共產專政統治下，國內也產生了許多問題。

由於史達林擔任共產黨總書記時期大量血腥鎮壓，抓捕了很多人，戈巴契夫先從事司法改革，平反了很多政治犯。接著實行民主改革，讓人民可以自由集會，並且通過辯論選擇政黨。此外，戈巴契夫外交上也開始實行改革，和美國總統雷根會面，決定要削減大量的核子武器，以免造成人類的悲劇。

對於東歐國家，戈巴契夫停止干預這些國家的內政。以往每當東歐國家出現政治上的動盪，蘇聯都會派兵鎮

美國總統雷根與戈巴契夫在紅場舉行莫斯科高峰會。

壓。由於蘇聯停止干預東歐，造成了很多東歐國家在西元 1989 年走向民主制度，後來也促成了東、西德國的統一。

西元 1990 年蘇聯正式實行多黨制的民主，同年，戈巴契夫獲得了諾貝爾和平獎的殊榮，讚揚他以和平、民主手段改變蘇聯。然而，蘇聯的經濟仍然沒有改善，西元 1991 年，俄羅斯的總統葉爾辛發動政變，獲得權力。

戈巴契夫帶領俄羅斯走向民主，卸任後在世界各地演講，西方自由世界對他的評價很高。然而，戈巴契夫背離了共產主義的理想，並且讓蘇聯崩解，無法讓蘇聯成為如美國一般的霸權，讓不少俄羅斯人對他有負面的評價。俄羅斯人認為國家仍然需要一個強人，覺得民主的開放，不如讓他們享有經濟上的繁榮，然而是否真是如此，還有待時間來斷定。

戈巴契夫大事紀

西元 1931 年 3 月 2 日	出生於斯塔夫羅波爾邊疆區普里沃利諾耶的農家。
西元 1945 年	加入共青團。
西元 1955 年	獲得法律學位。
西元 1966 年	獲准前往東歐國家並訪問東德。
西元 1969 年 9 月	以蘇聯代表團身分前往捷克斯洛伐克。
西元 1970 年 4 月	戈巴契夫擔任斯塔夫羅波爾邊疆區黨委第一書記。
西元 1971 年	成為蘇聯共產黨中央委員會的成員。
西元 1974 年	成為蘇聯最高蘇維埃的代表和青年事務常委會主席。
西元 1985 年 3 月 11 日	被選為蘇聯共產黨中央委員會總書記。
西元 1986 年 4 月	發生車諾比核電廠核災。

西元 1988 年 6 月	首次提出了「人道的民主的社會主義」概念。
西元 1989 年 5 月	戈巴契夫訪問中國。
西元 1990 年 7 月	蘇聯正式宣布「結束政治壟斷」，實行多黨制。
西元 1990 年 10 月 15 日	獲諾貝爾和平獎。
西元 1991 年	創立並出任蘇聯總統。
西元 1991 年 8 月 19 日	蘇聯保守派政治家和部分軍人發動「八一九事件」，戈巴契夫被軟禁。
西元 1991 年 12 月 25 日	獨立國家國協成立，被迫宣布辭職，蘇聯正式解體。
西元 2008 年 9 月	以 77 歲之齡宣布再度進入政壇。
西元 2022 年 8 月 30 日	重病逝世，享耆壽 91 歲。

曼德拉

納爾遜・羅利拉拉・曼德拉

致力於反種族隔離的政治領袖

profile

國籍➡南非共和國
身分➡南非首位總統
生日➡西元1918年7月18日
卒年➡西元2013年12月5日

我們現在都知道人人生而平等，不會因為膚色或是種族而有差別。然而，歷史上的黑人曾經要為了如此天經地義的真理而努力，因為他們被當成次等人，受到不公平對待。

南非曾經是個種族隔離和對黑人在制度上有所歧視的國家，而曼德拉就是帶領這個國家走向平等和包容的偉大領袖。曼德拉於西元 1918 年出生在南非開普省，祖父是當地部落當時的國王，父親是地方上的長官。

由於南非是英國的殖民地，當地的上層階級也都學習英文。曼德拉進入一所西式中學，後來考進了黑爾堡大學，只是後來因為抗議學生餐點的品質不好，被退學。

曼德拉沒有停止他的學習之路，他知道法律是可以保護自己和他人的學問。日後，他來到了金山大學攻讀學士，是校內唯一的非洲學生，並且考取了律師。年輕的曼德拉開始接觸政治，主因是當時只有白人有投票權，而在西元 1948 年的選舉中，新政府開始推動種族隔離政

策，這讓青年曼德拉相當不滿。

　　然而，曼德拉採用的是甘地的「不合作」運動，向上萬人演講，舉行抗議活動。政府此時開始大量的逮捕，並且多次審判曼德拉，讓他反覆進入監獄。最久的一次監禁長達 18 年，關在一個小島上做苦工，他一生有 27 年的時間都在監獄當中。

　　即使遭遇了苦難，曼德拉仍然不放棄自己的信念。在西元 1990 年之後，南非政府因為國際的壓力，釋放曼

南非羅本島監獄。曼德拉被監禁之處。

> **如果我讓憤怒纏糾我，**
> **就等同仍然囚於牢獄內。**

德拉，並且開始與他談判。當曼德拉出獄之後，開始進行新政黨的組織，並且持續在世界各地演講。

然而，南非白人也無法完全交出權力，曼德拉透過全國性抗議，讓白人政府知道這是不可阻擋的趨勢。終於，白人與黑人同意修改國家的憲法，並且讓國家走向自由。西元 1993 年當時的南非總統戴克拉克和曼德拉一起訪問美國，兩人更在日後獲頒諾貝爾和平獎。南非在西元 1994 年實施了第一次普選，黑人終於可以投票，曼德拉獲選為總統。

在總統就職典禮上，曼德拉邀請了當初管理他的三位獄卒到現場。三名監所管理員都相當緊張，因為他們當時都無情地對待曼德拉。但是，曼德拉的演講中說：

國際特赦組織於西元 2006 年頒發「良心大使獎」給曼德拉。

「我年輕時脾氣非常暴躁，在獄中，正是靠他們三位的幫助，我才學會了控制情緒。」然後跟三位獄卒擁抱，讓全場抱以熱烈的掌聲。

　　黑人終於在南非可以擔任總統，曼德拉的政策要促進民族之間的和解，而不是加深彼此的仇恨。所以在內閣的官員中盡量採舉多元化，之前的總統戴克拉克被任命為副總統。在當政的期間，曼德拉提倡寬容，成立了「真相與和解委員會」，會見之前提倡種族隔離政策的官員，告訴他們：「告別過去，關注當下和未來。」而且，曼德拉只擔任一屆總統，不再連任，並在退休之後積極投入慈善事業，幫助更多人。

曼德拉大事紀

西元 1918 年 7 月 18 日	出生於當時開普省一個大酋長家庭。
西元 1944 年	參加南非非洲人國民大會。
西元 1952 年	成功組織並領導「蔑視不公正法令運動」。
西元 1954 年	任南非執政黨非洲人國民大會副主席。
西元 1961 年	創建非國大軍事組織「民族之矛」並任總司令。
西元 1962 年	被捕入獄。
西元 1964 年 6 月	被指控犯有以陰謀顛覆罪，改判為無期徒刑。
西元 1981 年	全球各國開始陸續出現聯名要求釋放曼德拉的聲音。
西元 1990 年	南非白人政府最終釋放了曼德拉。
西元 1993 年	獲諾貝爾和平獎。
西元 1994 年 5 月	成為南非第一位全民選舉出的黑人總統。
西元 1999 年 6 月	退休並宣布投身於慈善事業，設立曼德拉基金會。
西元 2013 年 12 月 5 日	因病逝世，享耆壽 95 歲。

哈維爾
瓦茨拉夫・哈維爾

捷克首位並最具才華的詩人總統

profile

國籍➔捷克共和國（捷克）
身分➔捷克共和國總統
生日➔西元1936年10月5日
卒年➔西元2011年12月18日

近年捷克議長韋德齊來到台灣立法院發表演說，高喊：「我是台灣人。」這是引用美國前總統甘迺迪在柏林的談話，當時東德被共產黨所統治，甘迺迪支持自由、民主和西柏林的人民，說出：「我是柏林人。」表達反對共產主義和壓迫的政權。

捷克長期受到共產統治，帶領捷克人民走出專制政權的領袖就是捷克前總統哈維爾。哈維爾的父親是個工程師和建築商人，曾經在年輕的時候感受到捷克自由民主的生活。

西元 1936 年出生的哈維爾，小時候剛好身處第二次世界大戰期間。戰爭結束之後，捷克和整個東歐都陷入了共產黨的統治，開始對於資產階級和有錢人進行清算，哈維爾因為家境小康，被視為「資產階級」，因而無法接受高等教育。

哈維爾的家道中落後，由於他很喜歡寫作，也愛讀詩和文學作品，想要讀戲劇或是相關的人文科系，但始

終申請不過，只能就讀工業高等學校的經濟科。然而，哈維爾始終鍾情於文學，即使不能進去學校讀書，也在校外課程中學習戲劇。

　　喜歡寫詩和戲劇的哈維爾，西元 1959 年開始在 ABC 劇團工作，並且發表劇作。透過戲劇，哈維爾用表演表達對政府的不滿。由於捷克政府壓制人民的言論自由，不能發表反對政府的言論。哈維爾對於自由發表的權利十分重視，持續批評捷克政府。捷克政府先將哈維爾從作家協會除名，但是哈維爾自己組織獨立作家協會，不受政府的管控。

　　捷克共產黨政權受控於當時蘇聯，西元 1968 年捷克政府想要開始追求民主，廢除了出版品的事先審查制度。然而，蘇聯政府覺得捷克政府的行動，會影響到它所控制國家，於是派兵進入捷克。蘇聯占領期間，哈維爾在電台工作，將當時發生的事情向大家宣傳。

　　由於蘇聯的入侵，捷克走回原來專制的老路，哈維

「權力從來不會獨自存在，
它支配人也來源於這些人」

壯年時期的哈維爾。

爾受到控制，自由受限，工作場所被裝監視器。但他仍然出版著作，或是寫信給捷克的最高領袖，指出共產主義和極權制度下，會造成腐敗的人性。後來，哈維爾被起訴，然後入監服刑。出獄後發表「七七憲章」，表達對於自由民主的堅持，再度入獄。

西元 1989 年因為德國柏林圍牆倒塌，捷克人民走上街頭，幾萬民的民眾和學生表達對於共產黨統治的反抗，這就是是史上有名的「天鵝絨革命」。雖然哈維爾不是這場革命的真正領導者，當時他出獄僅 42 天。但由於他的著作、思想和過去的行動，也間接讓捷克人民用非暴力的形式推動了民主化的過程。

捷克在西元 1989 年 12 月舉行民主選舉，哈維爾成為總統。哈維爾除了喜歡文學，也喜歡搖滾樂，他相信人要真誠且自由地活著。西元 2003 年從總統位置卸任的時候，僅帶著簡單的行李離開總統府。他在西元 2011 年 75 歲過世的時候，捷克人相當哀慟，將他視為民主的象徵。

天鵝絨革命

天鵝絨革命（Velvet Revolution）不是暴力革命，之所以稱為「天鵝絨」是由於革命發生當時，除了 11 月 17 日的衝突外，並沒有大規模武裝衝突，沒有人因此而流血喪生，就順利政權更迭。一般來說，多半是指捷克斯洛伐克於西元 1989 年 11 月時捷克斯洛伐克共和國瓦解成捷克與斯洛伐克兩個獨立國後。

Liu Xiao Bo

劉曉波

追求民主與自由的鬥士

profile

國籍➡中華人民共和國
　　　（中國）
身分➡中國作家、
　　　人權活動家
生日➡西元1955年12月28日
卒年➡西元2017年7月13日

西元 2010 年 10 月 8 日在挪威的諾貝爾獎委員會上，將諾貝爾和平獎頒給劉曉波，這是第一位中國人獲得此項殊榮，原因在於「在中國為基本人權進行長期的非暴力抗爭」。然而在全世界都為劉曉波喝采之時，中國政府卻強烈抗議。當時劉曉波被中國政府拘禁，諾貝爾和平獎委員會擺了一張空椅，虛位以待，等候劉曉波有朝一日來領取。

西元 1955 年出生於中國東北的劉曉波，父親是教師。小時候的劉曉波就具有反抗意識，不是個乖小孩，會質疑權威和老師的話。西元 1960 年代後期，中國歷經文化大革命，知識分子都要到農村去，劉曉波在這個時候到了內蒙古。青年劉曉波當時在建設公司當工人，沒有辦法接受一般教育。

文化大革命結束後，劉曉波可以接受正規教育。22歲時，考進了吉林大學中文系。畢業後到北京師範大學的中文系讀碩士，拿到碩士學位之後便在學校任教。中文系雖然學習古典的思想和文學，但劉曉波卻對當下的

> **表達自由，人權之基，**
> **人性之本，真理之母。**
> **封殺言論自由，踐踏人權，**
> **窒息人性，壓抑真理。**

政治與文化相當感興趣。

在中國現代文學史上，魯迅認為文學應該批判中國文化，揭露傳統的陋習。劉曉波的文章和評論指出：「不打破傳統，不像五四時期那樣徹底否定傳統的古典文化，不擺脫理性化教條化的束縛，便擺脫不了危機。」劉曉波認為傳統的道德規範，讓中國人無法發展出自由的意識，讓整個文化的生命力降低。

由於劉曉波講出了很多知識分子內心話，成為當時很知名的老師，很多人都從別的學校來聽他的課。西元1989 年中國發生了巨大的事件，當年 4 月，由於中共前

中年時期的劉曉波。

總書記胡耀邦的去世，很多人懷念他過去對於學生的寬
容，學生上街頭紀念他。相較於胡耀邦的寬容，學生們
希望當時的中共能夠改革政治，並且實現言論、出版和
新聞的自由。

　　劉曉波當時在國外講學，聽到中國內部學生上街頭
的消息，發表了幾篇文章，指出中共是暴政，並且表示：

「暴政並不可怕，可怕的是對暴政的屈服、沉默或讚美。」隨即立刻返回中國與學生站在一起。然而，中共在西元 1989 年 6 月 4 日出動坦克車鎮壓學生運動，屠殺學生，造成了大量傷亡。

數千名香港市民參加守夜活動悼念劉曉波的逝世。

劉曉波之後沒有逃離中國，但被判刑，而且出獄後長期被監視軟禁，人身自由受到控制。即使受到限制，西元 2008 年劉曉波還是提出了《零八憲章》，認為中國應該修改憲法，並且在政治上改革，實現自由和民主。

　　然而，劉曉波在提出《零八憲章》後就被抓走，並且判刑 11 年。劉曉波的抗爭採用非暴力的和平方式，對抗中國的暴政，因此在西元 2010 年獲得了諾貝爾和平獎。

　　無法出席獲獎的場合，劉曉波一直被監禁在獄中。西元 2017 年 5 月底劉曉波罹癌，7 月 13 日離開人世，當時只有 61 歲。他用自己的生命抵抗暴政，堅持理性、非暴力，追求自由和民主的實現，偉大的情操是全世界人們的學習對象。

21 世紀諾貝爾和平獎得主

年度	姓名	國籍
2000 年	金大中	南韓
2001 年	聯合國	聯合國
	科菲‧安南	迦納
2002 年	吉米‧卡特	美國
2003 年	希林‧伊巴迪	伊朗
2004 年	旺加里‧馬塔伊	肯亞
2005 年	國際原子能總署	聯合國
	穆罕默德‧巴拉迪	埃及
2006 年	穆罕默德‧尤納斯	孟加拉
	孟加拉鄉村銀行	
2007 年	政府間氣候變化專門委員會	聯合國
	阿爾‧戈爾	美國
2008 年	馬爾蒂‧阿赫蒂薩里	芬蘭
2009 年	貝拉克‧歐巴馬	美國
2010 年	劉曉波	中國
2011 年	埃倫‧詹森‧瑟利夫	賴比瑞亞
	萊伊曼‧古博薇	
	塔瓦庫‧卡曼	葉門

年度	姓名	國籍
2012 年	歐洲聯盟	歐洲聯盟
2013 年	禁止化學武器組織	荷蘭
2014 年	凱拉西‧薩提亞提	印度
	馬拉拉‧優素福扎伊	巴基斯坦
2015 年	突尼西亞全國對話四方集團	突尼西亞
2016 年	胡安‧曼努埃爾‧桑托斯	哥倫比亞
2017 年	國際廢除核武器運動	瑞士
2018 年	德尼‧穆克維格	剛果民主共和國
	納迪婭‧穆拉德	伊拉克
2019 年	阿比‧艾哈邁德‧阿里	衣索比亞
2020 年	世界糧食計劃署	聯合國
2021 年	瑪麗亞‧雷薩	菲律賓
	德米特里‧穆拉托夫	俄羅斯
2022 年	阿列斯‧比亞利亞茨基	白俄羅斯
	紀念	俄羅斯
	公民自由中心	烏克蘭

Barack Huss

歐巴馬

巴拉克・胡笙・歐巴馬二世

美國第一位非裔總統

profile

國籍➡美利堅合眾國
　　　（美國）
身分➡前美國總統
生日➡西元1961年8月4日

美國雖然號稱為自由民主國家，但建國以來，歷經了五十多位白人總統，卻始終沒有任何黑人當過總統，直到這次我要談的黑人總統出現，才打破了從來沒有黑人當過總統的狀態，那就是歐巴馬。

西元 1961 年出生於夏威夷的歐巴馬，小時候在不同文化環境中生活過。他的父親老歐巴馬是肯亞到美國的留學生，在夏威夷大學認識了歐巴馬的母親，日後兩人離婚，老歐巴馬前往哈佛大學攻讀博士。而獨自撫養歐巴馬的母親，後來再嫁給印尼籍丈夫，也將歐巴馬帶往印尼，直到 10 歲，歐巴馬才再度回到夏威夷。

由於歐巴馬不是在美國當地成長，所以曾受到許多歧視，他曾說過自己年輕時也曾蹺課、吸毒，誤入歧途，但後來迷途知返，先到洛杉磯求學，成績優異，得以進入美國的名校哥倫比亞大學，主修國際關係。

畢業後的歐巴馬選擇到芝加哥居住，他在那裡主持一個 NPO 組織，幫助窮困的弱勢居民得以獲得訓練，並

如果你沿著正確的路徑走
且願意繼續走下去，
最終你將獲得進展。

且為他們媒合工作。27 歲時，歐巴馬進入美國最頂尖大學的哈佛大學法學院攻讀博士，並於 3 年後獲得博士學位。西元 1992 年與同樣畢業於哈佛大學的蜜雪兒結婚。

西元 1996 年，歐巴馬決定投身政治，只是他並不是每次選舉都勝選，但唯一不變的是始終關懷弱勢，為中低收入戶爭取提供保險和家庭援助。相當擅長演講的他，能夠完全不看稿對群眾說話，每次都能引起聽眾的感動，並且引起媒體的注意。

雖然進入政壇沒有很久的時間，西元 2007 年歐巴馬仍然決定參選美國總統，此時的他才 40 多歲。西元 2008 年，他順利當選，成為第一位非裔美國總統，他發

歐巴馬於西元 2016 年 7 月 27 日在費城舉行的民主黨全國代表大會發表談話。

表演說時認為美國是世界上最強大的國家，但仍然有很多事情必須解決，而身為黑人的後裔，他可以當選為美國總統，便是這個國家的極大進步。

　　他用激昂的演說，告訴大家非裔美國人可以當總統，而這正是美國人跟他一起做到的：「在那個女性不能發出聲音的時代，在那個剝奪女性希望的時代，她看著她們站起來，大聲說出自己的想法，投出自己的選票。是

的，我們做到了！⋯⋯而在這一年，在這次選舉中，她的手指觸摸到螢幕，投出自己的一票，因為在美國經歷 106 年的變遷，經歷最好與最壞的時代後，她瞭解美國是如何變化的。是的，我們做到了！」

在國內政策上，歐巴馬企圖重振美國經濟，並且加強對中低收入戶的補助；能源上，大量引進再生能源，並且提供沒有保險的人醫療照護；國外政策上，由於歐巴馬曾在印尼生活，知道穆斯林國家的狀況，所以與伊斯蘭世界交好；在核子武器問題上，由於知道核戰對於和平的威脅，積極與俄羅斯、中國就核武問題進行談判。

積極地推動世界合作的歐巴馬，更在任內獲得諾貝爾和平獎，卸任之後他出版了多本著作，持續關心弱勢的理想，繼續照顧更多的人，期待善用自己的影響力為全世界人們謀福利。

首位美國非裔第一夫人：蜜雪兒‧歐巴馬

生於西元 1964 年 1 月 17 日的蜜雪兒‧歐巴馬是一位律師和作家。祖先是黑奴出身的她，成績名列前矛。西元 1988 年在哈佛大學法學院取得法律博士學位。

日後，歐巴馬於盛德律師事務所任暑期實習生時，蜜雪兒被指派督導他，因為兩人是事務所中唯二黑人職員，後來她嫁給歐巴馬，並隨著他當選美國總統，而進入白宮，成為美國史上第一位非裔第一夫人。

她曾在演講中，向年輕女孩們喊話：「沒有任何一個男孩夠可愛或夠有趣到值得妳為他放下書本。」而她也身體力行，於第一夫人職位卸任後，持續擁有自己的事業。

裴洛西

南西・帕泰瑞夏・裴洛西

美國首位女性眾議院議長

profile

國籍➡美利堅合眾國
（美國）
身分➡美國首位
女性眾議院議長
生日➡西元1940年3月26日

現 代全球有不少女性政治人物，但能登上高位的並不
多，台灣的蔡英文總統、德國前總理梅克爾都是很
特別的例子。在美國國會中，也只有少數女性才能攀上
政治高位，美國史上首位（西元 2023 年 1 月卸任）眾議
院女議長裴洛西便是很難得的例子。

西元 1940 年，裴洛西出生於巴爾的摩，是義大利裔
政治世家，父親擔任過眾議院議員，哥哥也選擇從政，
擔任過當地市長。裴洛西從小耳濡目染，也曾在街頭幫
助父親和哥哥拉票，很清楚什麼是選舉政治活動。

美國的義大利裔人民多半信奉天主教，高中時期裴
洛西就讀當地的天主教學校，大學則進入華盛頓聖三一
大學，還沒畢業就在參議員的辦公室實習。大學時參加
甘迺迪總統的就職典禮，被甘迺迪的丰采所吸引，於是
將政治工作視為自己的使命。大學畢業後，她到國會當
實習生，一步一步往從政的路上發展。

日後，裴洛西結識了心儀的對象，中斷原先從政的

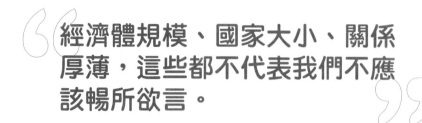

人生規畫，選擇結婚生子，成為五個孩子的母親，並搬到美國西岸。然而，民主黨內知道她嫻熟政治事務，始終積極鼓勵她重回政壇。她先幫助候選人募款，後來更成為民主黨在加州的黨主席，在當時以男性為主的政壇極為少見。

西元 1987 年，裴洛西出馬競選並順利成為國會議員。由於從小熟悉政治事務，進入政壇後不但駕輕就熟，且每次議員選舉都高票當選，歷年累積的資源和人脈，更有助於她在政治上的運作。

進入國會超過 15 年後，西元 2003 年她在國會的民主黨團擔任領袖，須募款、取得資源，還要分配不同委

年輕時的裴洛西（中左）及其家族。

員會的席次，因此她必須瞭解每位國議員的個性、才能
和專業，才能恰如其分地賦予每個人工作。

　　美國是兩黨政治，彼此間是競爭關係，裴洛西擔任
黨團領導人時，當時是由共和黨的小布希擔任總統，此
時的她便盡職地扮演反對黨角色，對於小布希發動伊拉
克戰爭提出質疑。

教宗方濟各在聖彼得大教堂向美國眾議院議長裴洛西夫婦致意。

西元 2007 年，民主黨在眾議院選舉中獲得勝選，推選她擔任議長，於是她便成為美國 200 多年來第一位女性國會議長。並在歐巴馬擔任總統時，在民主黨於國會占多數期間，與政府配合無間，讓歐巴馬總統的健保政策得以實踐，幫助美國許多需要健保的美國人民。

此外，裴洛西對民主和人權議題相當重視，特別是中國的人權問題。西元 1989 年，中國六四天安門事件時，裴洛西甚至前往當地表達關心，遭到中國當局驅逐出境；西藏受到中國的迫害，裴洛西與西藏領袖達賴喇嘛會晤，並且譴責中國政府；近年來香港民運人士上街頭抗議中國政府時，裴洛西更是站出來支持香港民眾。

年紀已經超過 80 歲的裴洛西，每天仍維持很早起床，並且工作到很晚的作息，持續關心民主與人權議題，實為女生從政典範。

美國兩院制

美國國會由參議院和眾議院組成。參議員和眾議員都代表他們
服務的州的人民。但美國參議員和眾議員還是有不同之處：

1. 投票權

參議員對是否批准總體司法提名有投票權，美國副總統任參議
院議長，無參議員資格，除非是為了在表決平手時打破僵局，
不得投票；眾議員則沒有這項權利或責任。

2. 人數

參議員和眾議員在國會中的人數不同。國會有 100 名參議員；
每州分配兩名參議員，數量與每州的人口數量無關，每隔兩年
改選約三分之一席位，因此兩人的民意基礎就與州長相同，而
且參議員往往會是下屆總統參選人。另一方面，但一個州的眾
議員人數由所在州的人口數量決定。國會中有 435 名眾議員，
每個州至少有一名眾議員，無連任限制。眾議院議長由議員選
舉產生，亦稱多數黨領袖。據美國總統繼位條例，眾議院議長
繼位總統之順序僅次於兼任參議院議長的副總統，為政壇上第
三重要的領袖人物。但在參議院中具均等代表權。憲法規定法
律之制定須經兩院通過。

3. 任期

參議員代表所在州的任期是 6 年；而眾議員的任期是 2 年。

4. 參選年紀

參議員要求年齡必須超過 30 歲，並且至少有 9 年美國公民身分：眾議員，年齡只需要 25 歲以上，最低 7 年美國國籍。但無論參議員還是眾議員，都要求是所在州的長住居民。

5. 寫特定類型法案的權利不同

雖然參議員和眾議員都被允許引入法案，但參議員被限制引入提高收入法案，諸如稅收法案等。然而，參議員則被允許拒絕或參與這些法案的修改。

6. 眾議員有一些將參議員排除在外的獨特責任

美國眾議院負責在選舉團不能做出決定時選擇總統。眾議員還有是否開始彈劾程序的投票表決權。

7. 參議員有可能被要求投票選舉副總統

並且有權批準條約，美國總統批准條約或任命重要人事、聯邦法院大法官、聯邦上訴法院法官的同意權、彈劾總統的終審權、對法案的拖延策略時，須「採酌參議院之建議並得其認可」（美國憲法第一修正案），亦即有與參議院還負責審判被彈劾的政府官員。

8. 兩院立法權力共享，立法程序相同，無先後差異

所有議案均需參、眾兩院通過及總統簽署才可成為法律。如果總統行使否決權，議案會被發還至兩院。如果參、眾兩院各自均再次以 2/3 或以上的票數通過議案的話，總統的否決權就被視為無效。

改變世界

國家領袖篇

25 個影響歷史文明的名人大事

作　　者　胡川安
主　　編　王衣卉
文字校對　胡川安、王衣卉、陳怡璇
行銷主任　王綾翊
全書設計　evian
內頁插畫　張容容
內頁照片　達志影像

總 編 輯　梁芳春
董 事 長　趙政岷
出 版 者　時報文化出版企業股份有限公司
　　　　　108019 臺北市和平西路 3 段 240 號

發行專線　（02）2306-6842
讀者服務專線　0800-231-705・（02）2304-7103
讀者服務傳真　（02）2304-6858
郵撥　19344724　時報文化出版公司
信箱　10899 臺北華江橋郵局第 99 信箱
時報悅讀網　http://www.readingtimes.com.tw
電子郵件信箱　yoho@readingtimes.com.tw
法律顧問　理律法律事務所 陳長文律師、李念祖律師
印刷　勁達印刷有限公司

初版一刷　2023 年 10 月 13 日
定價　新臺幣 450 元

改變世界：25個影響歷史文明的名人大事. 國家領
袖篇/胡川安著. -- 初版. -- 臺北市：時報文化出版
企業股份有限公司, 2023.10
176面；17×23公分
ISBN 978-626-353-273-1(平裝)

1.CST: 世界傳記 2.CST: 通俗作品

781　　　　　　　　　　　　　　111020346

ISBN 978-626-353-273-1
Printed in Taiwan